初学者最好入门的粤语教学书

"百日通"系列图书

粤语百日通

总主编 陈国亭
主编 冯 良 柯艳艳

哈尔滨工业大学出版社
HITP　HARBIN INSTITUTE OF TECHNOLOGY PRESS

图书在版编目(CIP)数据

粤语百日通/陈国亭主编. —哈尔滨:
哈尔滨工业大学出版社,2015.7
ISBN 978-7-5603-5431-6

Ⅰ.①粤… Ⅱ.①陈… Ⅲ.①粤语-口语
Ⅳ.①H178

中国版本图书馆 CIP 数据核字(2015)第 127040 号

责任编辑	甄淼淼
封面设计	麦田图文
出版发行	哈尔滨工业大学出版社
社　　址	哈尔滨市南岗区复华四道街 10 号　邮编 150006
传　　真	0451-86414049
网　　址	http://hitpress.hit.edu.cn
印　　刷	哈尔滨市工大节能印刷厂
开　　本	880mm×1230mm　1/32　印张 3.25　字数 100 千字
版　　次	2015 年 7 月第 1 版　2015 年 7 月第 1 次印刷
书　　号	ISBN 978-7-5603-5431-6
定　　价	18.80 元

(如因印装质量问题影响阅读,我社负责调换)

前　言

随着我国沿海地区特别是广东地区经济的迅速发展，尤其广东以经济繁荣的港澳地区为后盾，粤语的地位迅速提升。为满足希望到广州发展或想要与广东人和香港人进行贸易往来的有志之士学习粤语，方便他们在广东和香港进行学习、工作或商务交流，编写了这本《粤语百日通》。

"粤"是"广东"的别称，粤语又称为广州话、广东话、广府话、白话，本地人多称之为"白话"，学术上又称"粤方言"。粤语是南方汉人和古百越族语言融合的产物，其中保留了许多古汉语的元素，是语言研究的宝贵遗产。"广东话"指广东省境内的主要汉语方言。粤语使用区域包括广东省的珠三角地区及其中西部，广西省中南部以及香港、澳门和一些海外华人华侨社区。粤语的使用人数约一亿，是我国最有影响力的方言之一。香港粤语与广州话差异不大，两地人沟通与交谈并无特别的困难。直到现在，在广东仍主要使用粤语，而且其使用范围有不断扩张的趋势，广东境内说客家话和闽南话的城镇也开始使用粤语。所以，为了与广东人和香港人顺利地进行交际和贸易往来，提高就业竞争力，学会广州话就是在广东和香港进行学习、工作或商务交流的最佳选择。

粤语和普通话都是汉语，差别就在发音和声调上，通过多听、多模仿，掌握其间的对应规律，快速掌握粤语并不是难事。

本书内容分为两个部分：语音部分和实用交际语句部分。

1. 语音部分

切实过好语音关，切实掌握粤语与普通话在读法上的根本区别，就抓住了粤语学习的"牛鼻子"。

我们对粤语语音的描述，采用汉语拼音字母和部分国际音标。考虑到国内年轻人多数都是学过或正在学英语的，所以在描述粤语发音方法时，偶尔也有必要对照一下英语音标的发音，以有助于理解和迅速掌握粤语。

从语音学角度讲，汉语的一个字的语音构成可分解为声母（辅音）和韵母（元音及组合），两者组合后配合某一种声调便是一个字的语音面貌。汉语各个方言的变异主要体现在发音和声调上。普通话有 5 个声调：平、升、降升、降、轻。粤语理论上有 9 个声调，其中关键的是 6 个声调，其他 3 个均为入声声调。

站在普通话的角度看，粤语对普通话的变异粗分起来有三种情况：

（1）声母、韵母完全相同，只是声调上略有变化；

（2）声母不变，韵母和声调发生改变；

（3）声母和韵母都改变，这时声调变化已经没有实质意义，学习者等于学习一个外语新单词。如普通话声母为 k 的字，在粤语中变异为 k，f，h，如"靠、亏"声母为 k，"苦、阔"声母为 f，"空、康"声母为 h 等，后两个在辅音上的变化显然是本质上的。前两种情况掌握起来并不难，关键在于第三种情况。掌握了这种情况，就等于抓住了学习粤语的关键。

粤语至今没有一个统一的拼音方案，本书选取目前比较流行且又方便学习的粤语拼音方案，再加上编者的理解和加工，力求使读者学起来简便易懂、轻松自如。

2. 实用交际语句部分

从相识的问好开始，选取日常生活中最常遇到的 10 个场景和最常说的一些话，将句子分解为常用字词或词组，先从字词入手，跟普通话对照学习，同时介绍粤语音变规律，力求学习者可以举一反三，形成自主学习能力，自己判断一个字粤语该怎么发音。有了这个本领，学完本书后，自己就可以找规律，自主学习了。其次，由于粤语在词汇的很多方面自成体系，故这些有别于普通话的词汇必须特别记忆。再者，粤语语句的语法结构跟普通话有一定的差异，因而学习时须注意在相应语言点上养成按粤语思维的习惯，否则就谈不上掌握粤语。

本书的任务在于引领读者认识粤语，初步掌握粤语的基本交际用语。语言是用来交际的，交际场景千变万化，单凭一本书不可能把一种语言的所有材料完全囊括，哪怕只是一种方言。但我们相信，学完本书，您可以知道如何去认识和揭示以至进一步掌握粤语——对您来说一种新的语言。

由于编者水平有限，错误或疏漏在所难免，希望广大读者与我们联系，对本书的编撰提出宝贵意见，交流粤语学习体会。

祝各位粤语学习者好运！

编　者
2015 年 6 月

目 录

上编 粤语语音 ……………………………………… 1
粤语语音特点概述 …………………………………… 1
第一课 声母、单韵母和声调 ……………………… 4
第二课 a(ɑ)组韵母和 e 组韵母 …………………… 10
第三课 i,u,yu,o 组韵母 …………………………… 13
第四课 鼻韵母和入声音组 ………………………… 17
第五课 粤语语音规律 ……………………………… 19

下编 常用粤语交际语句 ………………………… 23
粤语词汇和语法特点概述 …………………………… 23
第一课 问候寒暄/相识/介绍 ……………………… 46
第二课 接/打电话 ………………………………… 50
第三课 约会/拜访/请客 …………………………… 53
第四课 交通/问路/请求帮忙 ……………………… 56
第五课 购物/商品评价/讨价还价 ………………… 60
第六课 住宿 ………………………………………… 65
第七课 看病/健康状况 …………………………… 69
第八课 旅游 ………………………………………… 72
第九课 商务会谈 …………………………………… 76
第十课 谈天说地 …………………………………… 79
附录 粤语语音规律 ………………………………… 83

粤语语音特点概述

我们先来对比一下普通话汉字拼音方案和粤语拼音方案。

一、普通话声母和粤语声母

普通话声母

b　p　m　f　d　t　n　l
g　k　h　j　q　x
zh　ch　sh　r　z　c　s

粤语声母

b　p　m　f　d　t　n　l
g　k　h　ng　z　c　s
j　gw　kw　w

普通话和粤语发音方式（发音部位）相同的是 b,p,m,f,d,t,n,l, g,k,h 这 11 个声母，因而学习粤语时可以省去学习和练习这些声母的时间，而只须注意它们与韵母拼读的问题。

粤语中没有翘舌音声母 zh,ch,sh,r，却多了几个普通话里没有的声母 ng,j,gw,kw,w。

在粤语里，j 和 z 发音相同，q 和 c 发音相同，x 和 s 发音相同，但标示汉字时只用 z,c,s 代表。这一点与普通话的拼音方式是不同的。

---

① 本书拼音方案主体采用的是香港语言学学会在 1993 年设计和公布的《香港语言学学会粤语拼音方案》(简称《粤拼》)。

二、普通话韵母和粤语韵母

普通话韵母(共35个)[按方便上口读取顺序排列]

a　　o　　e　　i　　u　　ü
ai　　ei　　ao　　ou　　ia　　ie　　iao　　iou
ua　　uo　　uai　　uei　　an　　en　　ang　　eng
in　　üe　　ün　　üan　　ian　　ing　　uan　　uen
iang　　uang　　ueng　　ong　　iong

粤语韵母（共55个）[发音与部分英语音标对照]

aa [ɑ-]	aai [ɑ-i]	aau [ɑ-u]	aam [ɑ-m]	aan [ɑ-n]	aang [ɑ-ŋ]	aap	aat	aak
	ai [ai]	au [au]	am [am]	an [an]	ang [ɑŋ]	ap	at	ak
e [e]	ei[ei]	eu [eu]	em [em]		eng [eŋ]			ek
	Eoi			eon			eot	
oe					oeng			oek
o [-ɔ]	oi [ɔ-i]	ou [ɔ-u]		on [ɔn]	ong [ɔŋ]		ot	ok
i [i:]		iu [ju:]	im [i:m]	in [i:n]	ing [iŋ]	ip	it	ik
u [u:]	ui [u:i]			un [u:n]	ung [u:ŋ]		ut	uk
yu = ü				yun = ün			yut	
鼻韵母	m [m]	ng[ŋ]						

表中[-]表示其前面的音在读时延长一倍左右。m和ng可以做韵母单成音节，其原因是m和ng是响音，声音是从鼻腔发出的。此外，m和ng在其他韵母前还可以做声母。如：maa¹(maa²/maa⁵)①(妈)，

---

① 粤语里同一个字可能有不同的读法。

ngo⁵(我)。

凡结尾带 p,t,k(或写做 b,d,g)的韵母都是"入声"的标志,是普通话里没有的。这些辅音只是用来指示发音方式的。

通过对比我们看到,粤语的韵母跟普通话的韵母除相同者外,差别较大,其中,粤语韵母 e(国际音标表示为[e]),与普通话的 e(国际音标表示为[ə]),两者根本不同,而 oe,eoi,eon,oeng 是普通话里没有的,需要专门学习掌握。

最后必须强调的是,粤语的常用词汇与普通话有较大区别,基本是另起炉灶(创造了新字词),学习者等于在学一门外语的新单词和词组合,而且这些词的发音也另有特点,关键是其声母和韵母变了,根本不能根据普通话类推,所以是没学粤语之前无法听懂的。

第一课 声母、单韵母和声调

声母:
b,p,m,f,d,t,n,l,g,k,h,ng,z,c,s,j,gw,kw,w
单韵母:
a,e,i,o,u,yu
声调:
9声6调

一、声母的发音

声母 b,p,m,f,d,t,n,l,g,k,h,其普通话和粤语(及英语相应音标[b][p][m][f][d][t][n][l][g][k][h])的发音部位和发音方式基本相同,在此不再赘述,后面要介绍的是它们与韵母拼读的实例。

1.声母 ng,z,c,s 的发音

(1)ng 的发音方法:舌根顶住后颚不动,声带振动,让声音从鼻腔出来。发音方式类似英语的音标[ŋ]。例如:逆(ngik^6),牛(ngau^4),哦(ngo^4),巍(ngai^4),外(ngoi^6)等。

(2)z 的发音

j=z,做 j 的舌位,却要发出 z 的声音,这样发音的结果是发出了介于 j 和 z 的中间音,要的就是这个音。此音是个不送气音,即发出这个音之后马上接发韵母。例如:杂(zaap^6),谢(ze^6),栽(zoi^1),续(zuk^6),像(zoeng^6)等。

(3)c 的发音

q=c,做 q 的舌位,却要发出 c 的声音,这样发音的结果是发出了介于 q 和 c 的中间音,要的就是这个音。此音是个送气音,发音时可以感觉送气的存在。例如:擦(caat^3),猜(caai^1),餐(caan^1),参(caam^1),材(coi^4),澡(cou^3)等。

(4)s 的发音

x=s,做 x 的舌位,却要发出 s 的声音,这样发音的结果是发出了介于 x 和 s 的中间音,要的就是这个音。撒(saat³),洒(saa²),婿(sai³),塞(sak¹),三(saam¹),伞(saan²),扫(sou³),嫂(sou²)等。

2. 声母 j,gw,kw,w 的发音

(1)j 的发音。舌尖抵下齿,舌前部靠近上颚前部,形成阻碍和摩擦,声带振动,摩擦成音。发音方式同国际音标[j],但不是汉语拼音字母j(鸡)【注:国内有的粤语拼音方案中写作 y】。如:贤(jin⁴),嫌(jim⁴),现(jin⁴)等。

(2)gw 的发音。发音部位同国际音标[g]和[u:],g 和 u 连发相拼,要求是,做 u 的口形,即双唇圆撮,发 g 即可,发音时声带振动,gw 类似普通话"姑"。如:瓜(gwaa¹),挂(gwaa³),刮(gwaat³),骨(gwat¹)等。

(3)kw 的发音。与 gw 发音部位和发音方式相同,但发 k 时声带不振动,kw 类似普通话"哭"。如:夸(kwaa¹),规(kwai¹),窘(kwan³)等。

kw 可以分解为 ku,可以作为音节拼读汉字。如:箍(ku¹)。

(4)w 的发音。双唇圆撮前突,舌根抬起,声带振动,发音方式类似英语的音标[w]。如:挖(waa¹),歪(waai¹),湾(waan¹)等。

二、单韵母的发音

单韵母共六个,即 a,e,i,o,u,yu。

1. a 的发音

a 有长音和短音之分,长音写作 aa,短音写作 a。单韵母 aa 和 a 的发音方法相同,只是长短有别。

发 a 时,口自然张开,舌放平,声带振动发声。如:

啊(aa¹),芭(baa¹),拿(naa⁴),怕(paa³);奔(ban¹),尘(can⁴),蚊(man¹)等。

2. e 的发音

发 e 时,口半张,舌尖抵下齿背,舌前部向上颚略抬起,嘴角向两边略伸展,声带振动发声,此音相当于英语的[e]。注意与相当于英语音标[ə:]和[ə]的普通话拼音字母 e 区别开来。如:

诶(e⁶),扯(ce²),泻(se³),谢(ze⁶),稳(wen²)等。

3. i 的发音

发 i 时,口微张,舌尖抵下齿背,舌前部向上颚略抬起,但不形成阻碍和摩擦,嘴角向两边略伸展,声带振动发声,此音相当于英语的[i:]。如:

支(zi^1),知(zi^1),指(zi^2),智(zi^3);
此(ci^2),帜(ci^3),始(ci^2),峙(ci^5);
师(si^1),时(si^4),事(si^6),是(si^6)等。

4. o 的发音

发 o 时,口张开度比普通话 o 略大,双唇圆撮,舌尖离开下齿,舌中部抬起,声带振动发声。此音相当于英语的[ɔ-]。如:

屙(o^1),咯(lo^1),摸(mo^2),鹅(ngo^4),俄(ngo^4)等。

5. u 的发音

发 u 时,口张开度与普通话 u 相同,但双唇圆撮前突,舌尖离开下齿,舌后部向上颚后部抬起,声带振动发声。此音相当于英语的[u:]。如:

夫(fu^1),敷(fu^1),肤(fu^1),孵(fu^1),扶(fu^4)等。

6. yu 的发音

韵母 yu = ü,发音方法是,先做 i 的舌位(与 i 的舌位相同),但马上做 u 的口形(双唇圆撮前突)去发 i 的音,这样声带振动发出的即是 yu(ü)(与普通话 ü 相同)。如:

主(zyu^2),处(cyu^2),书(syu^1),捐($gyun^1$),决($kyut^3$)等。

三、声调

粤语声调分 9 声 6 调,与普通话的声调完全不是一回事,从根本上颠覆了说普通话的人对声调规律的认识。

普通话的 4 声描述的是一个字发音起始至终止这一过程的走向,而与声音起始高度本身无关(起始音高随说话人习惯)。

一声为高平声调,发音过程走向是平的;
二声为中升调,发音过程走向是由中低到高上升的;
三声为降升调,发音过程走向是先降后升的;
四声是降调,发音过程走向是由高到低降下去的。

粤语的声调不仅与发音过程走向有关,而且与音高有关,这是粤语与普通话的本质区别。

什么是粤语的所谓音高呢？首先将我们发出的声音按乐谱音高分成5阶：最高为5(so)，最低为1(do)。粤语字的发音是先确定某一音高，然后再谈走向。请看：

1. 阴平（代表数字为1）：音高为5，平走，不升不降，即5→5。

(so)5
(fa)4
(mi)3
(re)2
(do)1

例词：挨(aai¹)，芭(baa¹)，呵(ho¹)，嘿(hei¹)，哼(hang¹)，花(faa¹)，婚(fan¹)等。

2. 阴上（代表数字为2）：音高起始为3，后升到5，即3→4→5。

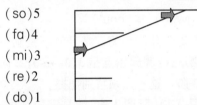

例词：画(waa²)(名词)，火(fo²)，假(gaa²)，简(gaan²)等。

3. 阴去（代表数字为3）：音高为3，平走，不升不降，即3→3。

(so)5
(fa)4
(mi)3
(re)2
(do)1

例词：价(gaa³)，建(gin³)，降(gong³)，借(ze³)，富(fu³)等。

4. 阳平（代表数字为4）：音高为1，平走，不升不降，即1→1。

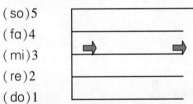

例词：来(lai⁴)，拦(laan⁴)，捱(ngaai⁴)，才(coi⁴)等。

5. 阳上（代表数字为5）：音高起始为1，后升到3，即1→2→3。

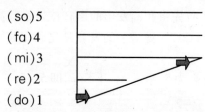

例词:肚(tou^5),舵(to^5),耳(ji^5),奋(fan^5)等。

6. 阳去(代表数字为6):音高为2,平走,不升不降,即2→2。

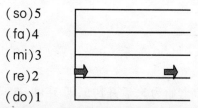

例词:赴(fu^6),负(fu^6),跪(gwai^6),浩(hou^6)等。

粤语6个声调中有4个平调,2个升调。关键是升调不是随意的,而是有固定起始点和上升度的:第三声调起始点是3,3→5升2阶;第五声调起始点是1,1→3也是升2阶。这一点须特别把握。

粤语中7,8,9 3个声调都是入声,所谓入声,就是字的结尾有一个只做舌位却不发声从而产生顿挫感的辅音(t/p/k),但关键需要注意的还是音高。

7. 阴入

取第一声调:在音高5(so)上平调发音,结尾处按所给字母舌位突然停顿。

例词:给(kap^1), 急(gap^1), 笔(bat^1), 必(bit^1), 侧(ci^1), 逼(bik^1),斥(cik^1),辟(pik^1)等。

8. 中入

取第三声调:在音高3(mi)上平调发音,结尾处按所给字母舌位突然停顿。

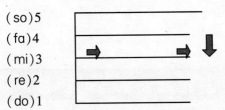

例词：夹（gaap^3），接（zip^3），劫（gip^3），揭（kit^3），节（zit^3），括（kut^3），客（haak^3），扩（gwok^3），烙（lok^3）等。

9. 阳入

取第六声调：在音高2（re）上平调发音，结尾处按所给字母舌位突然停顿。

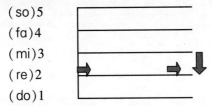

例词：立（laap^6），猎（lip^6），裂（lit^6），六（luk^6），鹿（luk^6），掠（loek^6），略（loek^6）等。

第二课 a(a)组韵母和e组韵母

第二课 a(a)组韵母和e组韵母

aa 组韵母

aai	aau	aam	aan	aang
ai	au	am	an	ang

e 组韵母

Ei	eu	em		eng
eoi			eon	

1. aai/ai 的发音方法

aai：先发长音 a–，然后滑向 i，以 i 收尾。与普通话的 ai 发音方法基本相同，不过口张得略大些。

ai：与 aai 发音方法相同，只是 a 发短音。

例词：

挨（aai¹），猜（caai¹），买（maai⁵），卖（maai⁶）；

币（bai⁶），废（fai³），规（kwai¹），西（sai¹）等

2. aau/au 的发音方法

aau：先发长音 a–，然后滑向 u，以 u 收尾。与普通话的 ao 发音方法基本相同，不过口张得略大些，u 要发成 o 和 u 之间。

au：与 aau 发音方法相同，只是 a 发短音。

例词：

拗（aau²），抄（caau¹），搞（gaau²），交（gaau¹）；

欧（au¹），抽（cau¹），久（gau²），刘（lau⁴）等。

3. aam/am 的发音方法

aam：先发长音 a–，然后滑向 m，以 m 鼻音收尾。a 与普通话的 a

发音方法基本相同,不过口张得略大些,以 m 收尾时注意一定发出鼻音,即声音要从鼻腔出来。

am:与 aam 发音方法相同,只是 a 发短音。

例词:

胆(daam²),喊(haam³),减(gaam²),蓝(laam⁴);
感(gam²),林(lam⁴),任(jam⁴)等。

4. aan/an 的发音方法

aan:先发长音 a-,然后滑向 n,以 n 鼻音收尾。a 与普通话的 a 发音方法基本相同,不过口张得略大些,以 n 收尾时注意一定发出鼻音,即声音要从鼻腔出来。

an:与 aan 发音方法相同,只是 a 发短音。

例词:

餐(caan¹),产(caan²),慢(maan⁶),难(naan⁴);
品(ban²),亲(can¹),勤(kan⁴),贫(pan⁴)等。

5. aang/ang 的发音方法

aang:先发长音 a-,然后滑向 ng[ŋ],以 ng[ŋ]鼻音收尾。a 与普通话的 a 发音方法基本相同,不过口张得略大些,以 ng 收尾时注意一定发出鼻音,即声音要从鼻腔出来。

ang:与 aang 发音方法相同,只是 a 发短音。

例词:

蹦(baang⁶),撑(caang¹),逛(gwaang⁶),棒(paang⁵);
崩(bang¹),耿(gang²),恒(hang⁴),宏(wang⁴)等。

6. ei 的发音方法

先发 e,然后滑向 i,以 i 收尾。与普通话的 ei 发音方法基本相同,不过 e 口张得略大些。

例词:

悲(bei¹),鼻(bei⁶),地(dei⁶),飞(fei¹),基(gei¹),利(lei⁶),李(lei⁵),美(mei⁵)等。

7. eu 的发音方法

先发 e,然后滑向 u,以 u 收尾,是普通话里没有的音组,注意模仿。粤语中由这个音组构成的字很少。

例词:

调(deu⁶)或(teu⁶),掉(deu⁶)等。

8. em 的发音方法

先发 e,然后滑向 m,以 m 收尾,发 m 时双唇紧闭,声音从鼻腔出来。粤语中由这个音组构成的字极少。

例词:

舐(lem²)等。

9. eng 的发音方法

先发 e,然后滑向 ng[ŋ],以 ng[ŋ]收尾,发 ng[ŋ]时舌后部抵住上颚后部形成阻碍,声音从鼻腔出来。

例词:

病(beng⁶),成(seng⁴),惊(geng¹),领(leng⁵)[领带 leng⁵tai¹;领导 ling⁵dou⁴],名(meng⁴),平(peng⁴)等。

10. eoi 的发音方法

先发 e,然后滑向 ü,要发成一个完整的连贯音,中间不要断开或拖长,发音时双唇略圆撮。

例词:

吹(ceoi¹),取(ceoi²),对(deoi³),惧(geoi⁶),去(heoi²),拒(keoi⁵),雷(leoi⁴),吕(leoi⁵),女(neoi⁵),谁(seoi⁴),水(seoi²),推(teoi¹),锐(jeoi⁶),叙(zeoi⁶),追(zeoi¹)等。

11. eon 的发音方法

先发 e 与 o 之间的音,双唇略圆撮,然后滑向 n,以 n 收尾,发 n 时舌尖抵住上齿龈和上齿背形成阻碍,声音从鼻腔出来。

例词:

春(ceon¹),蹲(deon¹),邻(leon⁴),润(jeon⁶),顺(seon⁶),进(zeon³),准(zeon²)等。

第三课　i，u，yu，o 组韵母

i 组韵母

| iu | im | in | ing |

u 组韵母

| ui | | un | ung |

yu 组韵母

| | | yun | |

o 组韵母

| oi | ou | on | ong |
| oe | | | oeng |

1. iu 的发音方法

先发 i，然后直接滑向 u，以 u 收尾，发 u 时口张开度与普通话 u 和英语的 [u:] 相同，但双唇圆撮前突，舌尖离开下齿，舌后部向上颚后部抬起，声带振动发声。

例词：

悄（ciu²），桥（kiu⁴），晓（hiu²），饶（jiu⁴），邀（jiu¹），笑（siu³），烧（siu¹），跳（tiu³）等。

2. im 的发音方法

先发 i，然后滑向 m，以 m 收尾，发 m 时双唇紧闭，声音从鼻腔出来。

例词：

谄（cim²），店（dim³），捡（gim²），脸（lim⁵），念（nim⁶），尖（zim¹），

染(jim⁵),甜(tim⁴)等。

3. in 的发音方法

先发 i,然后滑向 n,以 n 收尾,发 n 时舌尖抵住上齿龈和上齿背形成阻碍,声音从鼻腔出来。

例词:

鞭(bin¹),阐(cin²),电(din⁶),坚(gin¹),连(lin⁴),棉(min⁴),编(pin¹),煎(zin¹)等。

4. ing 的发音方法

先发 i,然后滑向 ng[ŋ],以 ng[ŋ]收尾,发 ng[ŋ]时,舌后部抵住上颚后部形成阻碍,声音从鼻腔出来。

例词:

惩(cing⁴),盯(ding¹),敬(ging³),鲸(ging⁴),零(ling⁴),明(ming⁴),乘(sing⁴),静(zing⁶)等。

5. ui 的发音方法

先发 u,然后滑向 i,以 i 收尾,发 i 时,嘴角向两边伸展,舌尖抵下齿背,舌前部贴近上齿背,与上齿龈留出狭小的空隙,声音从这个空隙出来。

例词:

杯(bui¹),刽(kui²),灰(fui¹),悔(fui³),每(mui⁵),培(pui⁴),配(pui³),回(wui⁴)等。

6. un 的发音方法

先发 u,然后滑向 n,以 n 收尾,发 n 时舌尖抵住上齿龈和上齿背形成阻碍,声音从鼻腔出来。

例词:

搬(bun¹),叛(bun⁶),欢(fun¹),宽(fun¹),款(fun²),官(gun¹),管(gun²),瞒(mun⁴),满(mun⁵),潘(pun¹),盘(pun⁴),碗(wun²),惋(wun²)等。

7. ung 的发音方法

先发 u,然后滑向 ng[ŋ],以 ng[ŋ]收尾,发 ng[ŋ]时,舌后部抵住上颚后部形成阻碍,声音从鼻腔出来。

例词:

充(cung¹),东(dung¹),丰(fung¹),功(gung¹),空(hung¹),穷(kung⁴),龙(lung⁴),梦(mung⁶),农(nung⁴),碰(pung³),

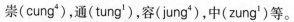

崇(cung⁴),通(tung¹),容(jung⁴),中(zung¹)等。

8. yun 的发音方法

先发 yu(ü),然后滑向 n,以 n 收尾,发 n 时舌尖抵住上齿龈和上齿背形成阻碍,声音从鼻腔出来。

例词:

穿(cyun¹),存(cyun⁴),短(dyun²),喧(hyun¹),捐(gyun¹),权(kyun⁴),联(lyun⁴),乱(lyun⁶),嫩(nyun⁶),船(syun⁴),团(tyun⁴),专(zyun¹),转(zyun²),铅(jyun⁴),软(jyun⁵),完(jyun⁴)等。

9. oi 的发音方法

先发 o,然后滑向 i,以 i 收尾。与英语的音标[ɔi]发音方法基本相同。

例词:

爱(oi³),菜(coi³),待(doi⁶),该(goi¹),海(hoi²),概(koi³),耐(noi⁶),腮(soi¹),抬(toi⁴),碍(ngoi⁶),外(ngoi⁶),灾(zoi¹)等。

10. ou 的发音方法

先发 o,然后滑向 u,以 u 收尾。与英语的音标[ɔ]+[u]发音方法基本相同。

例词:

噢(ou³),褒(bou¹),草(cou²),粗(cou¹),刀(dou¹),高(gou¹),好(hou²),劳(lou⁴),毛(mou⁴),模(mou⁴),脑(nou⁵),努(nou⁵),袍(pou⁴),扫(sou²),苏(sou¹),掏(tou⁴),熬(ngou⁴),遭(zou¹),租(zou¹)等。

11. on 的发音方法

先发 o,然后滑向 n,以 n 收尾,发 n 时舌尖抵住上齿龈和上齿背形成阻碍,声音从鼻腔出来。

例词:

赶(gon²),寒(hon⁴),刊(hon¹),看(hon¹)等。

12. ong 的发音方法

先发 o,然后滑向 ng[ŋ],以 ng[ŋ]收尾。发 ng[ŋ]时,舌后部抵住上颚后部形成阻碍,声音从鼻腔出来。

例词:

床(cong⁴),创(cong¹),当(dong¹),刚(gong¹),讲(gong²),防(fong⁴),谎(fong¹),杭(hong⁴),朗(long⁵),忙(mong⁴),

忘(mong⁴),旁(pong⁴),丧(song¹),堂(tong⁴),王(wong⁴),黄(wong⁴)等。

13. oe 的发音方法

oe 是单音,相当于英语的[ə:],不过发音时双唇略圆撮,发音方式类似于法语的[œ]。

例词:

靴(hoe¹),鹊(coek³),脚(goek³),却(koek³),掠(loek⁶),削(soek³),约(joek³),爵(zoek³)等。

14. oeng 的发音方法

先发 oe[ə:],然后滑向 ng[ŋ],以 ng[ŋ]收尾。发 ng[ŋ]时,舌后部抵住上颚后部形成阻碍,声音从鼻腔出来。

例词:

唱(coeng³),僵(goeng¹),粮(loeng⁴),娘(loeng⁴),常(soeng⁴),想(soeng²),央(joeng¹),酿(joeng⁶),张(zoeng¹),像(zoeng⁶)等。

第四课 鼻韵母和入声音组

鼻韵母 m ng
入声音组

aap	aat	aak
ap	at	ak
		ek
	eot	
		oek
	ot	ok
ip	it	ik
	ut	uk
	yut	

一、鼻韵母 m ng

1. m 的发音方法

发 m 时双唇紧闭,声音从鼻腔出来,一般做韵尾。m 可以自成音节,但只有一个字:唔(m^4),此字还读作(ng^4)和(ng^6)。

2. ng 的发音方法

韵母 ng 与声母 ng 的发音方法相同,即舌根顶住上颚后部不动,声带振动,让声音从鼻腔出来,发音方式类似英语的音标[ŋ]。ng 可以自成音节,但只有几个字。如:吴(ng^4),五(伍)(ng^5),午(ng^5),悟(ng^6),误(ng^6),梧(ng^4),吾(ng^4),蜈(ng^4)。

二、入声音组

1. 以 p 结尾的音组(aap/ap/ip)的发音方法

p 在发音时双唇紧闭即可,如:

aap:先发长音 a－,然后陡然以 p 收尾。a 与普通话的 a 发音方法基本相同,不过口张得略大些,发 p 时注意双唇紧闭,形成阻碍即可,p 不可发出吐气音。ap 与 aap 发音方法相同,只是 a 发短音。ip 的收尾音 p 发音方式也同此。

例词:

立(laap⁶),集(zaap⁶),纳(naap⁶),踏(daap⁶);粒(lap¹),吸(kap¹),给(kap¹),急(gap¹);夹(gep⁶),劫(gip³),猎(lip⁶),捏(nip⁶),接(zip³)等。

2. 以 t 结尾的音组(aat/at/ eot/ ot/it/ut/yut)的发音方法

t 在发音时舌尖抵上齿龈和上齿背,形成阻碍,如:

aat:先发长音 a－,然后陡然以 t 收尾。a 与普通话的 a 发音方法基本相同,不过口张得略大些,发 t 时注意舌尖抵住上齿背和上齿龈,形成阻碍即可,t 不可发出吐气音。at 与 aat 发音方法相同,只是 a 发短音。其他各组音的收尾音 t 发音方式均同此。

例词:

辣(laat⁶),撒(saat³),刷(caat³);突(dat⁶),物(mat⁶),液(jat⁶),屹(ngat⁶);出(ceot¹),割(got³),揭(kit³),脖(but⁶),豁(kut³),活(wut⁶),夺(dyut⁶),掇(zyut³)等。

3. 以 k 结尾的音组(aak/ak/ek/oek/ok/ik/uk)的发音方法

k 在发音时舌中部抵上颚后部,形成阻碍,如:

aak:先发长音 a－,然后陡然以 k 收尾。发 k 时注意舌后部抵住上颚后部,形成阻碍即可,k 不可发出吐气音。a 与普通话的 a 发音方法基本相同,不过口张得略大些。ak 与 aat 发音方法相同,只是 a 发短音。其他各组音的收尾音 k 发音方式均同此。

例词:

白(baak⁶),策(caak³),额(ngaak⁶),默(mak⁶),陌(mak⁶),塞(sak¹),特(dak⁶),剧(kek⁶),迹(zek³),绩(zek³),虐(noek⁶),踱(dok⁶),确(kok³),恶(ngok³),色(sik¹),式(sik¹),六(luk⁶),叔(suk¹),粥(zuk¹)等。

第五课　粤语语音规律[①]

与普通话相对照来观察粤语的语音状况，可以发现粤语中语音上的许多特点是有规律的。

从下面列举的5组规律中，普通话和粤语语音对应关系基本没有例外的是：

普通话 ou→粤语 au（如"走"：普 zou—粤 zau²）；

普通话 iao→粤语 iu（如"笑"：普 xiao—粤 siu³）；

这样对应的结果是，说普通话的人听粤语，就觉得怪怪的。

规律1组：普通话翘舌音 zh/ ch/ sh/r 与粤语平舌音 z/ c /s /j 的对应关系

普通话→粤语

zh→z(c/s)

址(zi²)，指(zi²)，拯(cing²)，衷(cung¹ 或 zung¹)，兆(siu⁶)，召(ziu⁶)；

ch→c(z/s)

抄(caau¹)，春(ceon¹)，嘲(zaau¹)，辍(zyut³)，淳(seon⁴)，纯(seon⁴)；

sh→s(c)

书(syu¹)，蔬(so¹)，曙(syu⁵)，署(cyu⁵)；

r→j

柔(jau⁴)，邱(jau¹)，休(jau¹)，幽(jau¹)，优(jau¹)，游(jau⁴)，有(jau6)，诱(jau⁵) 等。

规律2组：普通话某些辅音与粤语某些辅音的对应关系

[①] 本课介绍的是粤语语音规律的概要，例外的情形也有列举，全文见附录：粤语语音规律。

普通话→粤语

j→g

计(gei³),价(gaa³),界(gaai³),假(gaa²),交(gaau¹),教(gaau³),降(gong³);

q→g/c/k/h/s/j/z

期(kei⁴),奇(kei⁴),前(cin⁴),悄(ciu⁵),棋(kei⁴),桥(kiu⁴),欺(hei¹),洽(hap¹),窃(cit³),沁(sam³),丘(jau¹),邱(jau¹),雀(zoek³);

x→s/h/z/c/j

西(sai¹),洗(sai²),先(sin¹),鲜(sin¹),需(seoi¹),须(seoi¹),希(hei¹),喜(hei²),许(heoi²),下(haa⁶),夕(zik⁶),习(zaap⁶),续(zuk⁶),休(jau¹);

k→h/f

可(ho²),渴(hot³),克(hak¹),看(hon¹或³),哭(huk¹),块(faai³),课(fo³),枯(fu¹),苦(fu²),裤(fu³)。

规律3组:普通话二合元音韵母与粤语韵母的对应关系

普通话→粤语

(1) ai→oi/aai

财(coi⁴),灾(zoi¹),代(doi⁶),孩(hoi⁴),开(hoi¹),再(zoi³),挨(aai¹),摆(baai²),败(baai⁶),拜(baai³);

(2) ei→ai/ei/eoi/ui

为(wai⁴),伟(waai⁵),非(fei¹),飞(fei¹),雷(leoi⁴),累(leoi⁴),每(mui⁵),培(pui⁴),配(pui³);

(3) ao→ou/aau

澳(ou³),傲(ngou⁶),褒(bou¹),保(bou²),脑(nou⁵),貌(maau⁶),贸(mau⁶),闹(naau⁶),炮(paau³),跑(paau²);

(4) ou→au

欧(au¹),勾(ngau¹),抽(cau¹),豆(dau⁶),够(gau³),求(kau⁴),口(hau²),猴(hau⁴),收(sau¹),偷(tau¹),投(tau⁴);

(5) ui→eoi/ai/ui

摧(ceoi¹),随(ceoi⁴),堆(deoi¹),最(zeoi³),轨(gwai²),规(kwai¹),毁(wai²),挥(fai¹),会(wui⁵或⁶),溃(kui²),悔(fui³),回(wui⁴);

(6) uo→o

错(co³),坐(zo⁶),多(do¹),货(fo³),过(gwo³),扩(kwok³),络(lok⁶),锁(so²),所(so²),拖(to¹),祸(wo⁶),昨(zok⁶),作(zok³);

(7) ua→aa

刷(caat³),瓜(gwaa¹),挂(gwaa³),夸(kwaa¹),花(faa¹),化(faa³),华(waa⁴),话(waa⁶),骅(waa⁴),桦(waa⁴),耍(saa²);

(8) ie→it/ip/e/aai

憋(bit³),别(bit⁶),结(git³),妾(cip³),劫(gip³),猎(lip⁶),接(zip³),邪(ce⁴),且(ce²),爹(de¹),些(se¹),谢(ze⁶),鞋(haai⁴),皆(gaai¹),街(gaai¹),戒(gaai³)。

规律4组:普通话三合元音韵母与粤语韵母的对应关系

普通话→粤语

(1) iao→iu

标(biu¹),悄(ciu⁵),调(diu⁶ 或 tiu⁴),叫(giu³),描(miu⁴),鸟(niu⁵),飘(piu¹),挑(tiu¹),小(siu²),笑(siu³);

(2) iu[iou]→au

秋(cau¹),究(gau³),九(玖)(gau²),救(gau³),纠(dau² 或 gau²),牛(ngau⁴),留(lau⁴),刘(lau⁴),流(lau⁴),球(kau⁴),求(kau⁴),修(sau¹),秀(sau³),就(zau⁶);

(3) uai → aai

乖(gwaai¹),拐(gwaai²),怪(gwaai³),块(faai³),筷(faai³),快(faai³),蒯(gwaai²),

槐(waai⁴),怀(waai⁴),淮(waai⁴),坏(waai⁶)。

规律5组:普通话鼻韵母与粤语韵母的对应关系

普通话→粤语

1) ian→in/im/aan/aam

边(bin¹),编(pin¹),贬(bin²),便(bin⁶ 或 pin⁴),变(bin³),点(dim²),店(dim³),惦(dim³),

间(gaan³),简(gaan²),拣(gaan²),监(gaam³),减(gaam²),鉴(gaam³);

(2) uan/yuan→wun/jyun/aan/an

碗(wun²),援(jyun⁴),完(jyun⁴),冤(jyun¹),元(jyun⁴),弯(waan¹),玩(wun⁶),员(jyun⁴);

(3) un→eon/an/yun

春(ceon¹),循(ceon⁴),顿(deon⁶),论(leon⁶),炖(deon⁶),滚(gwan²),均(gwan¹),军(gwan¹),昆(kwan¹)①,存(cyun⁴),孙(syun¹),损(syun²);

(4) an→on/am/aam/aan/un

按(on³),赶(gon²),寒(hon⁴),看(hon¹或³),暗(am³),惨(caam²),但(daan⁶),担(daam¹),敢(gam²),砍(ham²),班(baan¹),反(faan²),半(bun³),搬(bun¹);

(5) ang→ong/oeng

盎(ong³),帮(bong¹),苍(cong¹),床(cong⁴),挡(dong²),访(fong²),刚(gong¹),广(gwong²),壤(joeng⁵),常(soeng⁴),上(soeng⁵或⁶),张(zoeng¹),仗(zoeng⁶);

(6) iang→oeng

枪(coeng¹),墙(coeng⁴),翔(coeng⁴),详(coeng⁴),讲(gong²),降(gong³),香(hoeng¹),乡(hoeng¹),响(hoeng²),享(hoeng²),粮(loeng⁴),亮(loeng⁶);

(7) en→an/am/un

恩(jan¹),奔(ban¹),陈(can⁴),分(fan¹或⁶),跟(gan¹),很(han²),仁(jan²),人(jan⁴),任(jam⁴),沉(cam⁴),甚(sam⁶),针(zam¹),本(bun²),笨(ban⁶),门(mun⁴);

(8) eng→ang/ung/ing

层(cang⁴),等(dang²),能(nang⁴),赠(zang⁶),封(fung¹),梦(mung⁶),碰(pung³),综(zung¹),承(sing⁴),剩(zing⁶),圣(sing³),政(zing³);

(9) ong→ung

充(cung¹),冲(cung¹),东(dung¹),冬(dung¹),功(gung¹),供(gung¹),公(gung¹),宫(gung¹),巩(gung²),龙(lung⁴),中(zung¹);

(10) ing→eng/ing

饼(beng²),病(beng⁶),钉(deng¹),名(meng¹或⁴),命(meng⁶),宁(ning⁶),兵(bing¹),亭(ting⁴),庭(ting⁴),英(jing¹)。

---

① 普通话中根本不相同的字,在粤语里可能发音相同,这一点需注意。如:[滚 gun/均 jun/昆 kun →gwan];[菌 jun/困 kun/群 qun→kwan];[昏 hun/训 xun→fan];[魂 hun/匀 yun→wan]等。

下编 常用粤语交际语句

粤语词汇特点和语法特点概述

一、粤语词汇特点

长期以来,广州话形成了自己独特的语汇体系,生活用语多有自己的词汇。衣、食、住、行所涉及的具体事物和人际交往过程中所发生的各种现象都有一套有别于普通话的名称或叫法。

1. 构词格式

(1)加后缀构成名词(如:仔、女、佬、婆、妹、哥、友)

眼 ngaan^5	(孩子的眼睛)
手仔 sau^2 zai^2	(小手)
明仔 ming^4 zai^2	(小明)
杰仔 git^6 zai^2	(小杰)
叔仔 suk^1 zai^2	(丈夫的弟弟)
臊虾 sao^1 haa^1	(婴儿)
乖仔 gwaai^1 zai^2	(乖孩子)
傻仔 so^4 zai^2	(傻子)
贼仔 caak^6 zai^2	(小偷)
叻仔 lek^1 zai^2	(聪明的后辈)
屋仔 uk^1 zai^2	(小屋)
狗仔 gau^2 zai^2	(小狗)
姐姐仔 ze^2 ze^2 zai^2	(小姐姐)
打工仔 da^2 gung^1 zai^2	(打工者)
擦鞋仔 caak^3 haai^4 zai^2	(擦鞋匠)
雀仔 zoek^3 zai^2	(小鸟)

歌仔 go^{1}zai^2	（小曲子）
刀仔 dou^{1}zai^2	（小刀）
凳仔 dang^{3}zai^2	（小凳子）
靓女 leng^{3}neoi^5	（漂亮的女孩）
叻女 lek^{1}neoi^5	（聪明的女孩）
猪肉佬 zyu^{1}juk^{6}lou^2	（卖猪肉的男人）
肥佬 fei^{4}lou^2	（胖男人）
肥婆 fei^{4}po^4	（胖女人）
肥妹 fei^{4}mui^1	（胖妮子）
学生哥 hok^{6}saang^{1}go^1	（学生）
新郎哥 san^{1}long^{4}go^1	（新郎）
细路哥 sai^{3}lou^{6}go^1	（小孩）
发烧友 faat^{3}siu^{1}jau^5	（狂热爱好者）

(2)词语重叠

跳下跳下 tiu^{3}haa^{5}tiu^{3}haa^5	（跳着跳着）
睇下睇下 tai^{2}haa^{5}tai^{2}haa^5	（看一下）
实实净净 sat^{6}sat^{6}zeng^{6}zeng^6	（很结实）
稳稳阵阵 wan^{2}wan^{2}zan^{6}zan^6	（很稳当）
快快脆脆 faai^{3}faai^{3}ceoi^{3}ceoi^3	（快）

(3)形容词后加衬字

黑纹纹 haak^{1}man^{1}man^1	（黑乎乎）
滑溜溜 waat^{6}lyut^{1}lyut^1	（很润滑）
嬲爆爆 niu^{5}baau^{3}baau^3	（气冲冲）
眼崛崛 ngaan^{5}gwat^{6}gwat^6	（瞪眼睛表示不满或生气）
懵盛盛（mung^{4}sing^{6}sing^6）或	
（懵查查 mung^{4}ca^{4}ca^4）	（糊糊涂涂）

(4)形容词前加重叠字

湿湿碎 sap^{1}sap^{1}seoi^3	（小意思）
趣趣怪 ceoi^{3}ceoi^{3}gwaai^3	（好玩）
立立乱 lap^{6}lap^{6}lyun^6	（乱的样子）
矮矮细 aai^{2}aai^{2}sai^3	（很矮小）
白白净 baak^{6}baak^{6}zeng^6	（白嫩）
密密实 mat^{6}mat^{6}sat^6	（很结实）

(5) 动宾结构构成形容词
爆棚 baau³paang⁴　　　　　　　　（满座,过分拥挤）
倒灶 dou²zou³　　　　　　　　　　（砸锅）
吊瘾 diu³jan²　　　　　　　　　　（引起兴趣但又没有得到满足）

（人）逼 bik¹jan⁴　　　　　　　　（拥挤）
生性 saang¹sing³　　　　　　　　（指小孩懂事）
反骨 faan¹gwat¹　　　　　　　　（无情无义/叛逆）

(6) 并列结构名词
晚头—夜→晚头夜 maan⁵tau⁴je⁶　　（夜晚）
老实—威→老实威 lou⁵sat⁶wai¹　　（颜色、式样朴素大方而又鲜艳华丽）
大食—懒→大食懒 daai⁶sik⁶laan⁵　（好吃懒做的人）
口水—痰→口水痰 hau²seoi²taam⁴　（痰）

(7) 偏正结构名词（修饰词在后）
鸡乸 gai¹naa⁵　　　　　　　　　（母鸡）
狗公 gau²gung¹　　　　　　　　（公狗）
人客 jan⁴haak³　　　　　　　　（客人）
菜干 coi³gon¹　　　　　　　　　（干菜）
黄瓜酸 wong⁴gwaa¹syun¹　　　　（酸黄瓜）

2. 与普通话同字不同义
"好"—"很"。如：
好耐 hou²noi⁶　　　　　　　　（很久）
好肥 hou²fei⁴　　　　　　　　（很胖）
好瘦 hou²sau³　　　　　　　　（很瘦）
好忙 hou²mong⁴　　　　　　　（很忙）
好高兴 hou²gou¹hing¹　　　　　（很高兴）
好精神 hou²zeng¹san¹　　　　　（很精神）
"好"—"应该"。如：
三点钟喇，好走啦。saam¹dim²zung¹laa¹, hou²zau²laa¹（三点了,该走了。）

3. 粤语禁忌
广州人忌讳的字词一般用其他说法代替。如：

死(去世)——过身 gwo¹san¹(忌"死"改称"过身")
空屋——吉屋 gat¹uk¹(忌"凶","空""凶"同音 hung¹)
空手而归,空欢喜——得个吉 dak¹go³gat¹("空""凶"同音)
伞——遮 ze¹("伞 saan³""散 saan²/saan³","伞"与"散"谐音,忌"散财")
猪血——猪红 zyu¹hung⁴(忌"血"改称"红")
猪肝——猪润 zyu¹jeon⁶("肝""干"同音,广东人以水为财,"干"就是穷)
干杯——饮胜 jam²saang¹(忌"干")

4. 粤语特点词
(1)生活常用品

衫 saam¹	(衣服)
裤 fu³	(裤子)
鞋 haai⁴	(鞋子)
袜 mat⁶	(袜子)
纽 nau²	(钮扣)
恤衫 seot¹saam¹	(针织或棉质上衣)
(大)褛 lau⁵	(外套)
底衫 dai²saam¹	(内衣)
底裤 dai²fuk³	(内裤)
领太 leng⁵tai³	(领带)
高争鞋 gou¹zaang¹haai⁴	(高跟鞋)
荷包 ho⁴baau¹	(钱包)
皮箧 pei⁴haap⁶	(皮箱)
洋烛 joeng⁴zuk¹	(蜡烛)
台 toi⁴	(桌子)
扫把 sou³baa²	(扫帚)
地拖 dei⁶to¹	(拖把)
梳化 so¹faa³	(沙发)
柜桶 gwai⁶tung²	(抽屉)
铰剪 gaau²zin²	(剪刀)
唇膏 seon⁴gou¹	(口红)
香枧 hoeng¹gaan²	(香皂)

番枧 faan¹ gaan² （肥皂）
雪柜 syut³ gwai⁶ （冰箱）
雪条 syut³ tiu⁴ （冰棒）
家俬 gaa¹ si⁶ （家具）
镬 wok⁶ （锅）
壳 hok³ （勺子）
匙羹 ci⁴ gang¹ （小勺子）
遮 ze¹ （伞）
咪 mai¹ （麦克风）
木 muk⁶ （木头）
石 sek⁶ （石头）
火水 fo² seoi² （煤油）
滚水 gwan² seoi² （开水）
花樽 faa¹ zeon¹ （花瓶）
水喉 seoi² hou⁴ （水龙头）
电掣 din⁶ zai³ （电钮/开关）
花洒 faa¹ saa² （淋浴头或浇花喷壶）
唛头 mak¹ tou⁴ （商标）
车辘 ce¹ luk¹ （车轮）

（2）动植物

鹰 jing¹ （老鹰）
龟 gwai¹ （乌龟）
蚁 ngai⁵ （蚂蚁）
雀 zoek¹ （鸟）
盐蛇 jim⁴ se⁴ （壁虎）
飞鼠 fei¹ syu² （蝙蝠）
雀仔 zoek³ zai² （小鸟）
了哥 liu⁵ go¹ （八哥）
百足 baak³ zuk¹ （蜈蚣）
田鸡 tim⁴ gai¹ （青蛙）
蛤𫛢 gap³ naa⁵ （大青蛙）
蚊 man¹ （蚊子）
蚊螆 man¹ zi¹ （小蚊子）

曱甴 gad²zad¹ （蟑螂）
乌蝇 wu¹jing¹ （苍蝇）
虾毛 haa¹mou⁴ （小虾）
鲩鱼 waan⁵jyu⁴ （草鱼）
猪仔 zyu¹zai² （小猪）
狗公 gau²gung¹ （公狗）
狗𤡈 gau²naa⁵ （母狗）
鸡公 gai¹gung¹ （公鸡）
鸡𤡈 gai¹naa⁵ （母鸡）
马骝 maa⁵lau⁴ （猴子）
生果 saang¹gwo² （水果）
橙 caang⁴ （橙子）
柑 gam¹ （橘子）
竹 zuk¹ （竹子）
蔗 ze³ （甘蔗）
大蕉 daai⁶ziu¹ （芭蕉）
马蹄 maa⁵tai⁴ （荸荠）
椰菜 je⁴coi³ （包心菜）
番薯 faan¹syu⁴ （红薯）
金瓜 gam¹gwaa¹ （南瓜）
矮瓜 aai²gwaa¹ （茄子）
番茄 faan¹ke¹ （西红柿）
蒜头 syun³tau⁴ （大蒜）
禾稻 wo⁴dou⁶ （稻谷）
粟米 suk⁶mai⁵ （玉米）
大笨象 daai⁶ban⁶zoeng⁶ （大象）
门口狗 mun⁴hau²gau² （看门狗）
缩头乌龟 suk¹tau⁴wu¹gwai¹ （①缩脑袋的乌龟，②比喻
耷拉着脑袋的人或怕事退
缩的人）

(3) 人体部位及动作
眼 ngaan⁵ （眼睛）
嘴 zeoi² （嘴巴）

耳仔 ji⁵zai²	（耳朵）
骨 gwat¹	（骨头）
脚 goek³	（脚、腿）
头壳 tau⁴hok³	（脑袋）
头皮 tau⁴pei⁴	（头屑）
眼眉 ngaan⁵mei⁴	（眉毛）
眼核 ngaan⁵wat⁶	（眼珠）
鼻哥 bei⁶go¹	（鼻子）
背脊 bui³zek³	（脊背）
手板 sau²baan²	（手掌）
手瓜 sau²gwaa¹	（胳膊）
膊头 bok³tau⁴	（肩膀）
肚腩 tou⁵naam⁵	（小肚子）
酒凹 zau²lap¹	（酒窝）
下爬 haa⁶paa⁴	（下巴）
身子 san¹zi²	（身体）
心口 sam¹hau²	（胸口）
大牙 daai⁶ngaa⁴	（槽牙）
鼻窿 bei⁶lung¹	（鼻孔）
毛管 mou⁴gun²	（毛孔）
罗柚 lok¹jau²	（屁股）
尾龙骨 mei⁵lung⁴gwat¹	（尾骨）
及 gap⁶	（盯）
瞌 hap⁶	（闭）
啜 zyut³	（嘬,吻）
笃 duk¹	（戳）
弗 fat¹	（鞭打）
抰 joeng²	（抖）
揞 aan¹	（蒙,捂）
搣 mit¹	（掰）
搖 men¹	（拔）
豆 dau³	（碰,摸）
掟 deng³	（扔）

抠 kau¹	（掺杂）
抄 caau¹	（搜，翻）
挤 zai¹	（放）
搦 nik¹	（拿）
捽 cyut³	（揉）
掴 gwaak³	（用掌打）
吉 gat¹	（扎，刺）
批 pai¹	（削）
濑 laai⁶	（洒）
走 zau²	（跑）
标 biu¹	（冲）
企 kei⁵	（站）
惊 geng¹	（害怕）
锡 sek³	（疼爱）
孭 mie¹	（背）
邓 dang⁶	（替）
抵 dai²	（应该，值得）
碌 luk¹	（滚动）
撇 pit³	（走，离开）
拧头 ling⁶tau⁴	（摇头）
唞气 tou²hei³	（呼吸）
啫手 juk¹sau²	（动手）
索气 sok³hei³	（吸气）
揩油 haai¹jau⁴	（占便宜）
打交 daa²gaau¹	（打架）
打横 daa²waang⁴	（横着）
打掂 daa²dim⁶	（竖着）
打底 daa²dai²	（垫底）
折堕 zit³do⁶	（作孽，遭遇悲惨）
厄水 ak¹seoi²	（骗钱）
睇水 tai²seoi²	（把风）
翻黎 faan¹lai⁴	（回来）
揾笨 wen⁴ban⁶	（占人便宜）

发姣 faat³haau⁴	（发骚）
岳高头 ngok⁶gou¹tau⁴	（仰起头）
眯埋眼 mei¹maai⁴ngaan⁵	（闭眼）
枳入去 zi²jap⁶heoi²	（塞进去）
攞嚟衰 luo⁴lai⁴seoi¹	（自讨苦吃）
骑呢古怪 kei⁴li⁴gu²gwai⁴	（古怪）
揩揩埋埋 cou³cou³maai⁴maai⁴	（攒起来）
单单打打 daan¹daan¹daa²daa²	（说风凉话）
打大赤肋 daa²daai⁶cek³lak⁶	（赤裸上身）
坎头埋墙 ham²tau⁴maai⁴coeng⁴	（把头撞在墙上，形容人自讨苦吃）

（4）人物及关系

我 ngo⁵	（我）
你 nei⁵	（你）
佢 keoi⁵	（他）
我哋 ngo⁵dei⁶	（我们）
你哋 nei⁵dei⁶	（你们）
佢哋 keoi⁵dei⁶	（他们）
阿爸 aa²baa⁶	（爸爸）
老豆 lou⁵dau⁶	（爸爸）
阿妈 aa²maa¹	（妈妈）
老妈子 lou⁵maa¹zi²	（妈妈）
阿公 aa²gung¹	（外公）
阿婆 aa²po⁴	（外婆、老婆婆）
阿爷 aa²je⁴	（爷爷）
阿嫲 aa²maa⁴	（奶奶）
仔 zai²	（儿子）
女 leoi²	（女儿）
仔仔 zai⁵zai²	（儿子）
女女 leoi⁵leoi²	（女儿）
孙 syun¹	（孙子）
阿哥 aa²go¹	（哥哥）
大佬 daai⁶lou²	（哥哥）

阿嫂 aa²sou²	（嫂嫂）
细佬 sai³lou²	（弟弟）
马仔 maa⁵zai²	（打手）
家姐 gaa¹ze²	（姐姐）
心抱 sam¹pou⁴	（媳妇）
舅父 kau⁵fu²	（舅舅）
阿叔 aa²suk¹	（叔叔）
契爷 kai³je⁴	（干爹）
契仔 kai³zai²	（干儿子）
细路 sai³lou⁶	（小孩）
臊虾 sou¹haa¹	（婴儿）
人哋 jan⁴dei⁶	（人家）
叻女 lek¹leoi²	（聪明女孩）
靓仔 leng³zai²	（漂亮小伙）
靓女 leng³leoi²	（漂亮姑娘）
寡佬 gwaa²lou²	（单身汉）
肥佬 fei⁴lou²	（胖男人）
肥婆 fei⁴po⁴	（胖女人）
老顶 lou⁵ding²	（上司）
人客 jan⁴haak³	（客人）
仇口 sau⁴hau²	（仇怨）
老千 lou⁵cin¹	（骗子）
老嘢 lou⁵je⁵	（老东西,老家伙）
契弟 kai³dai⁶	（王八蛋）
熟行 suk⁶haang⁴	（内行）
老世 lou⁵sai³	（老板）
老襟 lou⁵kam¹	（两姐妹的老公）
隔篱 gaak³lei⁴	（隔壁）
细蚊仔 sai³man¹zai²	（小孩）
后母乸 hau⁶mou⁴naa⁵	（继母）
老坑公 lou⁵haang¹gung¹	（老头）
后生仔 hau⁶saang¹zai²	（年轻小伙）
后生女 hau⁶saang¹leoi²	（年轻姑娘）

包租婆 baau¹zou¹po⁴	（房东太太）
猪肉佬 zyu¹juk⁶lou²	（卖猪肉的男人）
钟点工 zung¹dim²gung¹	（计时工）
老友记 lou⁵jau⁵gei³	（老朋友）
事头婆 si⁶tau⁴po⁴	（老板娘）
太子爷 taai³zi²je⁴	（少东家）
老姑婆 lou⁵gu¹po⁴	（老处女）

（5）工作、日常生活、社会现象、社会活动

食 sik⁶	（吃）
虾 haa¹	（欺负）
着 zoek³	（穿）
执 zap¹	（拾）
饮 jam²	（喝）
癐 gui⁶	（累）
煲 bou¹	（煮、熬）
焗 guk⁶	（焖）
餸 sung³	（菜）
倾 king¹	（谈）
制 zai³	（肯）
探 taam¹	（拜访）
返工 faan¹gung¹	（上班）
收工 sau¹gung¹	（下班）
开 OT hoi¹OT	（加班）
翻归 faan¹gwai¹	（回家）
人工 jan⁴gung¹	（工钱/报酬）
出粮 ceot¹loeng⁴	（发工资）
做嘢 zou⁶je⁵	（干活）
秘捞 bei³lou¹	（兼职）
捱夜 ngaai⁴je⁶	（熬夜）
揾工 wen²gung¹	（找工作）
揾食 wen²sik⁶	（谋生）
看更 hon³gaang¹	（看门）
轮更 leon⁴gaang¹	（轮班）

起屋 hei²uk¹	（盖房子）
抓车 za¹ce¹	（开车）
熟手 suk⁶sau²	（老练）
炒更 caau²gaang¹	（白天正职，晚上兼职）
偷鸡 tau¹gai¹	（工作时间开溜）
蛇王 se⁴wong⁴	（工作偷懒）
拿西 naa⁴sai¹	（粗枝大叶）
踢爆 tek³baau³	（揭发）
走人 zau²jan⁴	（溜走）
揾人 wen²jan⁴	（找人）
得闲 dak¹haan⁴	（有空）
差池 caa¹ci⁴	（差错）
巴闭 baa¹bai³	（了不起）
跷蹊 hiu¹kei⁴	（蹊跷）
煲粥 bou¹zuk¹	（熬粥）
装饭 zong¹faan⁶	（添饭）
食晏 sik⁶ngaan³	（吃午餐）
宵夜 siu¹je⁶	（夜宵）
食烟 sik⁶jin¹	（抽烟）
起身 hei²san¹	（起床）
晾衫 long⁶saam¹	（晾衣服）
浪口 long⁴hau²	（漱口）
冲凉 cung¹loeng⁴	（洗澡）
飞发 fei¹faat³	（理发）
电发 din⁶faat³	（烫发）
洗面 sai²min⁶	（洗脸）
耳屎 ji⁵si²	（耳垢）
屙屎 o¹si²	（大便）
屙尿 o¹liu⁶	（小便）
闩门 saan¹mun⁴	（关门）
熄灯 sik¹dang¹	（关灯）
眼瞓 ngaan⁵fen³	（困）
瞓觉 fen³gaau³	（睡觉）

颈渴 geng² hot³	（口渴）
撞板 zong⁶ baan²	（碰钉子）
搞掂 gaau² dim⁶	（搞妥当）
搞乱 gaau² lyun⁶	（搞混了）
就手 zau⁶ sau²	（顺手、顺利）
车衫 ce¹ saam¹	（缝衣服）
搏命 bok³ ming⁶	（拼命）
倾偈 king¹ gai⁶	（聊天）
讲笑 gong² siu³	（开玩笑）
穿煲 cun¹ bou¹	（穿帮）
心甘 sam¹ gam¹	（甘心）
大镬 daai⁶ wok⁶	（惹了大麻烦）
吹水 ceoi¹ seoi²	（闲聊、吹牛）
儿嬉 ji⁴ hei¹	（马虎）
赖猫 laai⁶ maau¹	（说话不算话）
拍拖 paak³ to¹	（谈恋爱）
褂住 gwaa³ zyu⁶	（想念）
掟煲 deng³ bou¹	（恋人分手）
好夹 hou² gaap³	（很合得来）
擦鞋 caat³ haai⁴	（拍马屁）
羞家 sau¹ gaa¹	（丢脸）
畀面 bei³ min²	（给面子）
手信 sau² seon³	（小礼物）
生埗 saang¹ bou⁶	（陌生、生疏）
大洗 daai⁶ sai²	（花钱过度）
炒鱿鱼 caau² jau⁴ jyu⁴	（解雇）
搞搞震 gaau² gaau² zan³	（捣乱）
督背脊 duk¹ bui³ zek³	（打小报告）
捞边行 lou¹ bin¹ haang⁴	（搞什么行业）
翻屋企 faan¹ uk¹ kei²	（回家）
放飞机 fong³ fei¹ gei¹	（失约）
二五仔 ji⁶ ng⁵ zai²	（出卖兄弟）
嗱嗱啉 la⁶ la⁶ lem⁶	（快点）

冇相干 mou⁵soeng¹gon¹　　　　　（没关系）
唔觉意 m⁴gok³ji³　　　　　　　　（不留心）
执起本书 zap¹hei²bun²syu¹　　　（捡起书）

(6) 病痛等生理现象

损 syun²　　　　　　　　　　　　（破）
痕 han⁴　　　　　　　　　　　　（痒）
滞 zai⁶　　　　　　　　　　　　（吃腻了）
咳 kat¹　　　　　　　　　　　　（咳嗽）
颈渴 geng²hot³　　　　　　　　　（口渴）
肚滞 tou⁵zai⁶　　　　　　　　　（消化不良）
头赤 tau⁴cek³　　　　　　　　　（头痛）
燥火 cou³fo²　　　　　　　　　　（上火）
好剌 hou²laat⁶　　　　　　　　　（很热）
身庆 san¹hing³　　　　　　　　　（身体发热）
焗亲 guk⁶can¹　　　　　　　　　（中暑）
作呕 zok³au²　　　　　　　　　　（恶心）
呕血 au²hyut³　　　　　　　　　（吐血）
肚屙 tou⁵o¹　　　　　　　　　　（拉肚子）
冻亲 dung³can³　　　　　　　　　（着凉）
热痱 jit⁶fei²　　　　　　　　　（痱子）
黐线 ci¹sin³　　　　　　　　　　（神经失常）
甩皮 lat¹pei⁴　　　　　　　　　（脱皮）
好翻 hou²faan¹　　　　　　　　　（好了）
耳聋 ji⁵lung⁴　　　　　　　　　（听觉不灵）
执药 zap¹joek⁶　　　　　　　　　（抓药）
驳骨 bok³gwat¹　　　　　　　　　（接骨头）
埋口 maai⁴hau²　　　　　　　　　（合口）
心口翳 sam¹hau²ai³　　　　　　　（胸闷）
唔精神 m⁴zeng¹san⁴　　　　　　　（不舒服）
打冷震 daa²laang⁵zan³　　　　　（发抖）
晕酡酡 wan⁴to⁴to⁴　　　　　　　（晕乎乎）
生痱孜 saang¹fei²zi¹　　　　　　（溃疡）
血压高 hyut³aat³gou¹　　　　　　（高血压）

落晒形 lok⁶saai³jing⁴	（憔悴不堪）
睇医生 tai²ji¹saang¹	（看病）
生萝卜 saang¹lo⁴buk¹	（长冻疮）

(7) 心理现象、情感表达

愿 jyun⁶	（愿意）
锡 sek³	（疼爱）
崛 gwat⁶	（瞪）
嬲 niu⁵	（生气）
撩 liu⁴	（逗）
喊 haam³	（哭）
嗌 aai³	（叫，喊）
氹 tang⁶	（哄）
欢喜 fun¹hei²	（欢乐）
钟意 zung¹ji³	（喜欢）
情愿 cing⁴jyun⁶	（宁愿）
肉赤 juk⁶cek³	（心疼）
快活 faai³wut⁶	（快乐）
得意 dak¹ji³	（可爱/高兴）
上镜 saang²geng³	（可人）
淡定 daam⁶ding⁶	（镇定）
偷笑 tau¹siu³	（暗笑）
火起 fo²hei²	（发火）
火滚 fo²gwan²	（恼火）
发嬲 faat³niu⁵	（生气）
吹胀 ceoi¹zoeng³	（无可奈何）
得戚 dak¹cik¹	（得意/嚣张）
嗌交 aai³gaau¹	（吵架）
谷气 guk¹hei³	（憋气）
心淡 sam¹taam⁵	（心灰意冷）
心水 sam¹seoi²	（心意）
心息 sam¹sik¹	（死心）
忧心 jau¹sam¹	（担心）
闭翳 bai³ai³	（令人担心/忧愁）

执生 zap¹ saang¹	（看着办，小心）
激气 gik¹ hei³	（心里有气）
特登 dak⁶ dang¹	（故意）
专登 zyun¹ dang¹	（特意）
扮嘢 baan³ je⁵	（装蒜）
失魂 sat¹ wan⁴	（慌张，精神恍惚）
失魂鱼 sat¹ wan⁴ jyu⁴	（惊慌如受惊的鱼）
谂住 lam² zyu⁶	（打算，预计）
戇居 ngong⁶ geoi¹	（呆，傻，笨）
蕉积 ziu¹ zik¹	（嚣张，气焰高涨）
鬼马 gwai² maa⁵	（多诡计）
诈娇 zaa³ giu¹	（撒娇）
扭计 nau² gai²	（扭捏）
睇衰 tai² seoi¹	（看不起，看扁）
着数 zoek⁶ sou³	（好处）
得闲 dak¹ haan⁴	（有空）
唔忿气 m⁴ fan⁶ hei³	（不服气）
诈假意 zaa³ gaa³ ji³	（假装）
心多多 sam¹ do¹ do¹	（三心二意）
心郁郁 sam¹ juk¹ juk¹	（想做某事）
心思思 sam¹ si¹ si¹	（老惦念着）
心挂挂 sam¹ kwaa³ kwaa³	（牵肠挂肚）
苦瓜面 fu² gwaa¹ min⁶	（愁眉苦脸）
眼崛崛 ngaan⁵ gwat⁶ gwat⁶	（瞪大眼睛，表示不满或生气）
嬲爆爆 niu⁵ baau³ baau³	（气冲冲）
一肚火 jat¹ tou⁵ fo²	（一肚子火）
笑骑骑 siu³ ke⁴ ke⁴	（笑哈哈）
笑吟吟 siu³ jam⁴ jam⁴	（笑容满面）
乞人憎 hat¹ jan⁴ zang¹	（令人讨厌）
得人惊 dak¹ jan⁴ geng¹	（令人害怕）
得个吉 dak¹ go³ gat¹	（一场空）
话之你 waa⁶ zi¹ nei⁵	（管你呐）

乍乍帝 zaa³zaa³dai³　　　　　　　（装模作样）
拾下拾下 sap⁶haa⁵sap⁶haa⁵　　　　（傻乎乎）
喊苦喊忽 haam³fu²haam³fat¹　　　　（哭哭啼啼）
个心嗱住 go³sam¹la²zyu⁶　　　　　（心里梗着）
笑口噬噬 siu³hau²sai⁶sai⁶　　　　　（咧开嘴笑）

(8) 其他

腍 nam⁴　　　　　　　　　　　　　（软）
黐 ci¹　　　　　　　　　　　　　　（黏）
谂 lam²　　　　　　　　　　　　　（想/考虑）
咸湿 haam⁴sap¹　　　　　　　　　　（好色）
折堕 zip³do⁶　　　　　　　　　　　（造孽/遭遇悲惨）
口齿 hau²ci²　　　　　　　　　　　（信用）
火烛 fo²zuk¹　　　　　　　　　　　（失火）
后生 hau⁶saang¹　　　　　　　　　　（年轻）
熟口面 suk⁶hau²min⁶　　　　　　　（似曾相识）
发吽哣 faat³ngau⁴dau⁶　　　　　　　（发呆）

(9) 数量词语

一蚊鸡 jat¹man¹gai¹　　　　　　　　（一元）
一草 jat¹cou²　　　　　　　　　　　（十元）
一旧水 jat¹gau⁶seoi²　　　　　　　（一百元）
一撇 jat¹pit³　　　　　　　　　　　（一千元）
一皮 jat¹pei⁴　　　　　　　　　　　（一万元）
斗零 dau⁶ling⁴　　　　　　　　　　（少量钱）
鸡碎 gai¹seoi³　　　　　　　　　　（一点点）

(10) 代词

边 bin¹　　　　　　　　　　　　　　（哪）
边度 bin¹dou⁶　　　　　　　　　　　（哪儿,哪里）
边个 bin¹go³　　　　　　　　　　　（哪个）
呢 nei¹　　　　　　　　　　　　　　（这）
呢度 nei¹dou⁶　　　　　　　　　　　（这里）
喺度 hei²dou⁶　　　　　　　　　　　（在这里）
嗰度 go³dou⁶　　　　　　　　　　　（那里）
咁样 gam²joeng⁶　　　　　　　　　　（这样）

第日 dai⁶jat⁶	（改天）
第次 dai⁶ci³	（下次）
点解 dim²gaai²	（为什么）
几多 gei²do¹	（多少）
咁好 gam²hou²	（这么好）
呢排 ni¹paai4	（这些天）
冇几何 mou⁵gei²ho4	（不常）

(11) 虚词短语

冇 mou⁵	（没/没有）
唔 m⁴	（不/非）
咪 mai⁶	（别/不要）
啫 ze⁶	（而已）
乜 mat¹	（什么）
咩 me¹	（什麽）
嘅 ge¹	（的）
喱 lei¹	（这）
同 tung⁴	（和）
同埋 tung⁴maai⁴	（和/与/跟）
为咗 wai⁴zo²	（为了）
咁啊 gam²aa⁶	（如此/这样啊）
咪咁啦 mai¹gam²laa¹	（不要这样）
系咪咁 hai⁶mai¹gam²	（是不是这样）
乜嘢 mat¹je⁵	（什么）
直头 zik⁶tau⁴	（简直）
定系 ding⁶hai⁶	（还是）
好彩 hou²coi²	（幸好/运气好）
唔忙 m⁴mong⁴	（不忙）
唔使 m⁴sai²	（甭/不用）
唔好 m⁴hou²	（不好）
唔通 m⁴tung¹	（难道）
唔单止 m⁴daan¹zi²	（不仅仅）
唔使急 m⁴sai²gap¹	（甭着急）
唔使拘架 m⁴sai²keoi¹gaa³	（别见外）

唔好送喇 m⁴hou²sung³laa¹　　　（别送了）
要唔要饭 jiu³m⁴jiu³faan⁶　　　（要不要饭）
添唔添饭 tim¹m⁴tim¹faan⁶　　　（添不添饭）
(12) 语气助词
啰 lo¹⁽⁴⁾、啵 bo¹、喇 laa¹、嘞 la¹

二、粤语语法特点

粤语方言跟普通话的语法差异并不算很大，但长期以来也形成了自己的一些独特的句法表达习惯，其主要表现为用词和句中词序有别。

1. 粤语表示"体貌"的用词

①嚟（起嚟）—开始：佢哋跳起舞嚟喇。（keoi⁵dei⁶tiu³hei²mou⁵lai⁴laa¹）[他们跳起舞来。]

②紧—进行中：我食紧饭。（ngo⁵sik⁶gan²faan⁶）[我正在吃饭。]

③咗—完成：我冲咗凉喇。（ngo⁵cung¹zo²loeng⁴laa¹）[我洗完澡了。]

④有/冇—表达行为或状态的实现：寻日佢冇食晏。（cam⁴jat⁶keoi⁵mou⁵sik⁶ngaan³）[昨天他没吃午饭。]

⑤开—持续：我用开呢一款，几好。（ngo⁵jung⁶hoi¹ne¹jat¹fun²，gei²hou²）[我一直在用这一款的，不错。]

⑥翻—状态回复：今日暖翻。（gam¹jat⁶nyun⁵faan¹）[今天回暖了。]

2. 句中某些词的位置

1) 个别副词（先、添、多、少）可放在动词后面充当状语

①你行先。（nei⁵haang⁴sin¹）

[你先走。]

我走先。（ngo⁵zau²sin¹）

[我先走。]

等阵先。（dang²zan⁶sin¹）

[先等一下。]

你帮下我先。（nei⁵bong¹haa⁵ngo⁵sin¹）

[你先帮我一下。]

交钱先，至攞表。（gaau¹cin²sin¹，zi³lo²biu²）

[先交钱，再拿表。]

②唔够时间啦,要行快先啲得架啦。
(m⁴ gau³ si⁴ gaan¹ laa¹ , jiu³ haang⁴ faai³ dik¹ sin¹ dak¹ gaa³ laa¹)
(时间很紧迫了,要快点儿走才行。)
③你仲可以游水添。(nei⁵ zung⁶ ho² ji⁵ jau⁴ seoi² tim¹)
(你还可以游泳呢。)
佢好似好中意我,仲送埋花添。
(keoi⁵ hou² ci⁵ hou² zung¹ ji³ ngo⁵ , zung⁶ sung³ maai⁴ faa¹ tim¹)
[他好像很喜欢我,还给我送花呢。]
④食多只鸡翼啦。(sik⁶ do¹ zek³ gai¹ jik⁶ laa¹)
[再吃个鸡翅膀吧。]
玩多阵。(waan⁴ do¹ zen⁶)
[多玩一会儿吧。]
买多啲青菜。(maai⁵ do¹ dik¹ ceng¹ coi³)
[多买些青菜吧。]
⑤睇少啲电视啦。(tai² siu² dik¹ din⁶ si⁶ laa¹)
[少看点电视吧。]
用少啲钱得唔得?(jung⁶ siu² dik¹ cin² dak¹ m⁴ dak¹)
[少用钱行不行?]
(2)起修饰作用的词放在被修饰词后面
①人客 jan⁴ haak³（客人）
②鸡公 gai¹ gung¹（公鸡）
③猪乸 zyu¹ naa⁵（母猪）
④菜干 coi³ gon¹（干菜）
⑤米碎 mai⁵ seoi³（碎米）
(3)并列结构词序跟普通话相反
①挤拥 zai¹ jung²（拥挤）
②齐整 cai⁴ zing²（整齐）
(4)动词"来/去"直接与地点词搭配,不用"到……去"结构
①星仔听日去上海。(seng¹ zai² teng¹ jat⁶ heoi² soeng⁵ hoi²)
[星仔明天到上海去。]
②几时嚟香港探我?(gei² si⁴ lai⁴ hoeng¹ gong² taam³ ngo⁵)
[什么时候到香港来看我?]
(5)A+形容词+过+B

①柄泉高过阿珊。（beng³ cyun⁴ gou¹ gwo³ aa¹ saan¹）

[柄泉比阿珊高]。

②嘉琳间屋大过咏聪果间

（gaa¹ lam⁴ gaan¹ uk¹ daai⁶ gwo³ wing⁶ cung¹ go³ gaan¹）

[嘉琳的房子比咏聪的大。]

(6) 粤语习惯说法

①讲慢啲啦，我听唔清楚。

（gong² maan⁶ dik¹ laa¹, ngo⁵ teng¹ m⁴ ceng¹ co²）

[请讲慢一点儿，我听不清楚。]

②唔该晒你。（m⁴ goi¹ saai³ nei⁵）

[很感谢你。]

唔该晒！（m⁴ goi¹ saai³）

[谢谢啦！]

多谢晒！（do¹ ze⁶ saai³）

[十分感谢！]

③佢畀本书我。（keoi⁵ bei³ bun² syu¹ ngo⁵）

[他给我一本书。]

哥哥送咗佢一支笔（go¹ go¹ sung³ zo² keoi⁵ jat¹ zi¹ bat¹）

[哥哥送了他一支笔。]

畀晒佢哋。（bei³ saai⁴ keoi⁵ dei⁶）

[全部都给他们。]

我买左本漫画比细佬。

（ngo⁵ maai⁵ zo² bun² maan⁶ waa² bei² sai³ lou²）

[我给弟弟买了一本连环画册。]

唔该，俾樽汽水我。（m⁴ goi¹, bei² zeon¹ hei³ seoi² ngo⁵）

[劳驾，给我一瓶汽水。]

④唔好睇。（m⁴ hou² tai²）

[不太好看。]

⑤佢又系衰得滞（keoi⁵ jau⁶ hai⁶ ceoi¹ dak¹ zai⁶）

[他确实太坏了。]

⑥高过头冇用嘅。（gou¹ gwo¹ tau⁴ mou⁵ jung⁶ ge¹）

[太高了没用的。]

⑦畀多三文啦。（bei³ do¹ saam¹ man⁴ laa¹）

[再给三元吧。]
⑧啲学生走晒。(dik¹hok⁶saang¹zau²saai³)
[学生们都走了/学生们走光了。]
⑨连阿荣都来埋。(lin⁴aa¹wing⁴dou¹lai⁴maai⁴)
[连阿荣都参加进来了。]
⑩又要我行多次？(jau⁶jiu³ngo⁵haang⁴do¹ci³)
[又要我多走一趟？]
⑪咁都唔得，究竟你想做乜？
(gam²dou¹m⁴dak¹, gau³ging²nei⁵soeng²zou⁶mat¹)
[这样都不行，你到底想做什么呢？]
⑫你识唔识做先？(nei⁵sik¹m⁴sik¹zou⁶sin¹)
[你到底懂不懂怎么做？]
⑬要我做都得，有冇着数先。
(jiu³ngo⁵zou⁶dou¹dak¹, jau⁵mou⁵zoek⁶sou³sin¹)
[要我干也行，(得瞧)有没有好处。]
⑭佢哋食晒啲生果。(keoi⁵dei⁶sik⁶saai³dik¹saang¹gwo²)
[他们把水果都吃完了。]
⑮佢哋去过晒欧洲。(keoi⁵dei⁶heoi³gwo³saai³au¹zau¹)
[他们全部去过欧洲。]
⑯间房干净晒喇。(gaan¹fong⁴gon¹zing⁶saai³laa¹)
[这房间够干净的了。]
⑰我哋而家够晒穷喇。(ngo⁵dei⁶ji⁴gaa¹gau³saai³kung⁴laa¹)
[我们现在够穷的啦。]
⑱我攞埋份报纸去睇。(ngo⁵lo²maai⁴fan⁶bou³zi²heoi³tai²)
[我拿着一份报纸去看。]
⑲如果冇埋呢个机会就惨喇。
(jyu⁴gwo²mou⁵maai⁴li¹go³gei²wui⁶zau⁶caam²laa¹)
[如果丢掉了这个机会就惨啦。]
⑳啲细路仔做埋晒啲犯法嘅嘢。
(dik¹sai³lou⁶zai²zou⁶maai⁴saai³dik¹faan⁶faat³ge¹je⁵)
[这些孩子做下了犯法的事。]
㉑我要搬返去。(ngo⁵jiu³bun¹faan¹heoi³)
[我要搬回去。]

㉒佢畀人带返廉署助查。

(keoi⁵ bei⁶ jam⁴ daai³ faan¹ lim⁴ cyu⁵ zo⁶ caa⁴)

[他被带到廉政公署协助调查。]

㉓佢教返书。(keoi⁵ gaau³ faan¹ syu¹)

[重新教书之后。]

㉔就成个瘦晒。(zau⁶ seng⁴ go³ sau³ saai³)

[整个人都瘦了。]

㉕今日暖返啲喇。(gam¹ jat⁶ nyun⁵ faan¹ dik¹ laa¹)

[重新暖和些啦。]

㉖你即刻申请返一张喇。

(nei⁵ zik¹ hak¹ san¹ ceng² faan¹ jat¹ zoeng³ laa¹)

[你马上申请一张回来吧。]

㉗呢个月同上个月比较,用少咗50度电。

(li¹ go³ jyut⁶ tung⁴ soeng⁶ go³ jyut⁶ bei² gaau³ , siu² jung⁶ zuo² m³ suk⁶ dou⁶ din⁶)

[这个月比上个月少用了50度电。]

㉘你打个电话比美婷啦。

(nei⁵ daa² go³ din⁶ waa⁶ bei² mei² ting⁴ laa¹)

[你给美婷打个电话吧。]

第一课 问候寒暄/相识/介绍

一、粤语词汇

妳好（nei⁵ hou²）	你好
早晨（zou² san⁴）	早上好
早唞（zou² tau²）	晚安
我哋（ngo⁵ dei⁶）	我们
你哋（nei⁵ dei⁶）	你们
佢哋（keoi⁵ dei⁶）	他们
人哋（jan⁴ dei⁶）	人家
几好（gei² hou²）	很好
点样（dim² joeng⁶）	怎样
边度（bin¹ dou⁶）	哪里
呢度/呢边/呢头（li¹ dou⁶/li¹ bin¹/li¹ tau⁴）	这里
嗰度/嗰边/嗰头（go³ dou⁶/go³ bin¹/go³ tau⁴）	那里
乜/乜嘢（mat¹/mat¹ je⁵）	什么
喺（hei²）	在
系（hai⁶）	是
同埋（tung⁴ maai⁴）	和
咁（gam²）	这么/那么
唔该/唔该晒/多谢（m⁴ goi¹/m⁴ goi¹ saai³/do¹ ze⁶）	谢谢
对唔住（deoi³ m⁴ zyu⁶）	对不起
有心（jau⁵ sam¹）	谢谢关心
啱啱（ngaan⁵ ngaan⁵）	刚刚
而家（ji⁴ gaa¹）	现在
做嘢（zou⁶ je⁵）	工作

听日(teng¹jat⁶)　　　　　　　明天

二、粤语典型句子

我好好,你有心喇。(ngo⁵hou²hou², nei⁵jau⁵sam¹laa¹)[我很好,谢谢你。]

好耐冇见。(hou²noi⁶mou⁵gin³)[好久不见。]

唔使客气。(m⁴sai²haak³hei³)[不用客气。]

发生咗乜嘢事吖?(faat³saang¹zo²mat¹je⁵si⁶aa¹)[发生什么事了?]

呢/近排过得点啊?(li¹/gan⁶paai⁴gwo³dak¹dim²aa¹)[最近过得怎么样?]

请问先生贵姓?(ceng²man⁶sin¹saang¹gwai³sing³)[请问先生贵姓?]

屋企人好唔好呀?(uk¹kei²jan⁴hou²m⁴hou²aa¹)[家里人好吗?]

点称呼?(dim²cing¹fu¹)[怎么称呼?]

你叫乜名?(nei⁵giu³mat¹meng⁴)[你叫什么名字?]

我个名叫陈婷。(ngo⁵go³meng⁴giu³can⁴ting⁴)[我的名字是陈婷。]

你边度嚟架?(nei⁵bin¹dou⁶lai⁴gaa³)[你从哪里来的?]

等我嚟介绍下先。(dang²ngo⁵lai⁵gaai³siu⁶haa⁵sin¹)[让我来介绍一下。]

好高兴认识你。(hou²gou¹hing³jan⁶sik¹nei⁵)[很高兴认识你。]

早啲唞啦!(zou²dik¹tou²laa¹)[早点休息吧!]

我钟意睇书同埋睇电影。(ngo⁵zung¹ji³tai²syu¹tung⁴maai⁴tai²din⁶jing²)[我喜欢看书和看电影。]

咁啱嘅!(gam²ngaan⁵ge¹)[这么巧啊!]

食咗饭未吖?(sik⁶zo²faan⁶mei⁶)[吃过饭了没?]

三、(生活)对话

A:莹莹,早晨。(jing⁴jing⁴, zou²san⁴)
[莹莹,早上好。]

B:小莉,咁啱嘅,好耐冇见啦。(siu²lei⁶, gam²ngaan⁵ge¹,

hou² noi⁶ mou⁵ jin⁶ laa¹)

［小莉,这么巧啊,好久不见啦。］

A:系啊,呢排过得好唔好啊?

(hai⁶ aa¹, li¹ paai⁴ gwo³ dak¹ hou² m⁴ hou² aa¹)

［是啊,最近过得好吗?］

B:几好啊,你呢?(gei² hou² aa¹, nei⁵ li¹)

［挺好的,你呢?］

A:都系咁啦。你而家喺边度做嘢呀?忙唔忙啊?

(dou¹ hai⁶ gam² laa¹。nei⁵ ji⁴ gaa¹ hei² bin¹ dou⁶ zou⁶ je⁵ aa¹?mong⁴ m⁴ mong⁴ aa³)

［一直都这样啦。你现在在哪工作了呢?忙吗?］

B:唔系几忙,我喺一家IT公司做嘢。咁你呢?仲喺嗰家医院做护士呀?

(m⁴ hai⁶ gei² mong⁴, ngo⁵ hei² jat¹ gaa¹ IT gung¹ si¹ zou⁶ je⁵。gam² nei⁵ li¹?zung⁶ hei² go³ gaa¹ ji¹ jyun² zou⁶ wu⁶ si⁶ aa¹)

［不是很忙,我在一家IT公司做事。那你呢,还在那家医院当护士么?］

A:无啊,我而家喺屋企休假,过一排再去揾工。(mou⁴ aa¹, ngo⁵ ji⁴ gaa¹ hei² uk¹ kei² jau¹ gaa², gwo³ jat¹ paai⁴ zoi³ heoi¹ wen² gung¹)

［没了,我现在在家休假,过阵子再去找新工作。］

B:咁祝你好运啦。(gam² zuk¹ nei⁵ hou² wan⁶ laa¹)

［那祝你好运啦。］

A:唔该晒!呢位系?(m⁴ goi¹ saai³!li¹ wai⁶ hai⁶)

［谢谢!这位是?］

B:等我嚟介绍下先,呢位系我细妹,佢叫小敏。小敏,呢位系我初中同学,小莉。(dang² ngo⁵ lai⁴ gaai³ siu⁶ haa⁵ sin¹, li¹ wai⁶ hai⁶ ngo⁵ sai³ mui⁶, keoi⁵ giu³ siu² man⁵。siu² man⁵, li¹ wai⁶ hai⁶ ngo⁵ co¹ zung¹ tung⁴ hok⁶, siu² lei⁶)

［让我来介绍一下,这位是我妹妹,她叫小敏。小敏,这是我初中同学,小莉。］

A:好高兴认识你。嚟呢度旅游啊?(hou² gou¹ hing³ jan⁶ sik¹ nei⁵。lai⁴ li¹ dou⁶ leoi⁵ jau⁴ aa¹)

［很高兴认识你。来这里旅游吗?］

C:我都系。我而家喺广州读紧书。(ngo⁵ dou¹ hai⁶。

ngo⁵ji⁴gaa¹hei² gwong²zau¹dau⁶gan² syu¹)

[我也是。我现在在广州读书。]

A：咁啊，欢迎你嚟广州。

(gam²aa¹, fun¹jing⁶nei⁵lai⁴gwong²zau¹)

[这样啊,欢迎你来广州。]

C：多谢！(do¹ze⁶)

[多谢！]

第二课 搵/打电话

一、粤语词汇

搵（wen²）	找
俾（bei²）	给
边位（bin¹wai⁶）	哪位
等吓（dang²haak³）	等一下
等阵（dang²zan⁶）	过一会儿
啱先/头先（kau⁴sin¹）	刚才
好彩（hou²coi²）	幸好
唔好（m⁴hou²）	不要
痴线（ci¹sin³）	发神经
收线（sau¹sin³）	挂电话
倾偈（king¹gai⁶）	聊天
唔喺度（m⁴hei²dou⁶）	不在
放低电话（fong³dai¹din⁶waa⁶）	放下电话
打返电话（daa²faan¹din⁶waa⁶）	回电话

二、粤语典型句子

唔该王生。/唔该王生听电话。（m⁴goi¹wong⁴saang¹。/m⁴goi¹wong⁴ saang¹teng¹din⁶waa⁶）

[请王先生接电话。]

等一阵再打电话过嚟啦。

（dang²jat¹zan⁶zoi³daa²din⁶waa⁶gwo³lai⁴laa¹）

[等一会儿再打过来吧。]

有件事要同你揌吓。（jau⁵gin⁶si⁶jiu³tung⁴nei⁵zam¹haak³）

[有件事要跟你商量一下。]

请问系咪讯兴公司呀？
(ceng² man⁶ hai⁶ mai⁶ seon³ hing¹ gung¹ si¹ aa¹)
[请问是不是讯兴公司？]
请问李宣小姐喺唔喺度？
(ceng² man⁶ lei⁵ syun¹ siu² ze² hei² m⁴ hei² dou⁶)
[请问李宣小姐在吗？]
我睇下佢喺唔喺度。(ngo⁵ tai² haak³ keoi⁵ hei² m⁴ hei² dou⁶)
[我看一下他在不在。]
你等下,我去叫佢嚟。(nei⁵ dang² haak³, ngo⁵ heoi³ giu³ keoi⁵ lai⁴)
[你等一下,我去叫他过来。]
边个搵我？(bin¹ go³ wen² ngo⁵)
[谁找我？]
我依家仲未放工。(ngo⁵ ji⁴ gaa¹ zung⁶ mei⁶ fong³ gung¹)
[现在我还没有下班。]
有嘢就快啲嗑喇。(jau⁵ je⁵ zau⁶ faai³ dik¹ gap⁶ laa¹)
[有事就快说吧。]
你讲乜也？我听唔到。(nei⁵ gong² mat¹ jaa⁵? ngo⁵ teng¹ m⁴ dou³)
[你说什么？我听不到。]
你系边位？(nei⁵ hai⁶ bin¹ wai⁴)
[您是哪位？]
听唔明,可唔可以再讲一次？
(teng¹ m⁴ ming⁴, ho² m⁴ ho² ji⁵ zoi³ gong² jat¹ ci³)
[听不懂,可不可以再说一次？]
我打返俾你。(ngo⁵ daa² faan¹ bei² nei⁵)
[我给你打过去。]
我会转告俾佢知。(ngo⁵ wui⁵ zyun² gou³ bei² keoi⁵ zi¹)
[我会转告他的。]

三、(生活)对话

A:喂,请问系边位？(wai², ceng² man⁶ hai⁶ bin¹ wai⁶)
[喂,请问是哪位？]
B:唔该问下阿萌喺唔喺度？
(m⁴ goi¹ man⁶ haa⁵ aa³ mang⁴ hei² m⁴ hei² dou⁶)

[请问阿萌在吗?]

A:我就系。边位搵我?(ngo⁵ zau⁶ hai⁶。bin¹ wai⁶ wen² ngo⁵)

[我就是。你是哪位?]

B:萌萌,系我啊,小娜。(mang⁴ mang⁴,hai⁶ ngo⁵ aa¹,siu² naa⁴)

[萌萌,是我啊,小娜啊。]

A:小娜,搵我乜事呀?(siu² naa⁴,wen² ngo⁵ mat¹ si⁶ aa¹)

[小娜,找我有什么事?]

B:听日下昼得唔得闲呀?

(teng¹ jat⁶ haa⁵ zau³ dak¹ m⁴ dak¹ haan⁴ aa¹)

[明天下午有空吗?]

A:得闲啊,有乜事?(dak¹ haan⁴ aa¹,jau⁵ mat¹ si⁶)

[有啊,什么事?]

B:我哋一齐去睇电影啦,听讲新出咗好多电影啊。(ngo⁵ dei⁶ jat¹ cai⁴ heoi³ tai² din⁶ jing² laa¹,

teng¹ gong² san¹ ceot¹ zo² hou² do² din⁶ jing² aa¹)

[我们一起去看电影吧,听说新出了好多电影。]

A:好啊,听日放咩电影?(hou² aa¹,teng¹ jat⁶ fong³ me¹ din⁶ jing²)

[好啊。明天放什么电影?]

B:好似系《大话西游》。(hou² ci⁵ hai⁶ daai⁶ waa⁶ sai¹ jau⁴)

[好像是《大话西游》。]

A:好啊,咁一定好搞笑。我哋喺边度碰头?

(hou² aa¹,gam² jat¹ ding⁶ hou² gaau² siu³。ngo⁵ dei⁶ hei² bin¹ dou⁶ pung³ tau⁴)

[好啊,那一定很好笑,我们在哪见面?]

B:万达影院门口,下昼三点四个字见。

(maan⁶ daat⁶ jing² jyun⁶ mun⁴ hau², haa⁵ zau³ saam¹ dim² sei³ go³ zi⁶ gin³)

[万达影院门口,下午三点二十分见。]

A:好啊。(hou² aa¹)

[好啊。]

第三课 约会/拜访/请客

一、粤语词汇

睇（tai²）	看
成日（seng⁴ jat⁶）	经常
中意（zung¹ ji³）	喜欢
影相（jing² soeng³）	拍照
打波（daa² bo¹）	打球
游水（jau⁴ seoi²）	游泳
碰头（pung³ tau⁴）	见面
饮茶（jam² caa⁴）	喝茶
食嘢（sik⁶ je⁵）	吃东西
行街（haang⁴ gaai¹）	逛街
俾钱（bei² cin²）	给钱
倾偈（king¹ gai⁶）	聊天
好晏啦（hou² ngaan³ laa¹）	好晚了
我做东（ngo⁵ zou⁶ dung¹）	我请客
入我数（jap⁶ ngo⁵ sou³）	我付钱
系度吗（hai⁶ dou⁶ maa³）	在吗
请入嚟（ceng² jap⁶ lai⁴）	请进
梗系可以（gang² hai⁶ ho² ji⁵）	当然可以

二、粤语典型句子

听日得唔得闲？（teng¹ jat⁶ dak¹ m⁴ dak¹ haan⁴）
[明天有空吗？]
同我哋一齐出去买嘢啦。
（tung⁴ ngo⁵ dei⁶ jat¹ cai⁴ ceot¹ heoi³ maai⁵ je⁵ laa¹）

［和我们一起出去买东西吧。］
想唔想出去行吓呀？
(soeng² m⁴ soeng² ceot¹ heoi³ haang⁴ haak³ jaa⁵)
［想不想出去走走？］
我请你食嘢啦。(ngo⁵ ceng² nei⁵ sik⁶ je⁵ laa¹)
［我请你吃东西。］
当自己屋企。(dong³ zi⁶ gei² uk¹ kei²)
［当是在自己家里。］
家姐,我嚟咗啦。(gaa¹ ze², ngo⁵ lai⁴ zo² laa¹)
［姐姐,我来了。］
无咩可以招呼你。(mou⁴ me¹ ho² ji⁵ ziu¹ fu¹ nei⁵)
［没什么可以招待你。］
你想饮茶定咖啡啊？(nei⁵ soeng² jam² caa⁴ ding⁶ gaa¹ fei¹ aa⁵)
［你想喝茶还是喝咖啡？］
阿姨,你唔使客气啦,我饮水就得噶啦。
(aa² ji⁴, nei⁵ m⁴ sai² haak³ hei³ laa¹, ngo⁵ jam² seoi² zau⁶ dak¹ gaa¹ laa¹)
［阿姨,您别客气,我喝水就行了。］
时候唔早啦,我谂我要走了。
(si⁴ hau⁶ m⁴ zou² laa¹, ngo⁵ lam² ngo⁵ jiu³ zau² laa¹)
［时间不早了,恐怕我该走了。］
麻烦晒你啦。(maa⁴ faan⁴ saai³ nei⁵ laa¹)
［给你添麻烦了。］
再坐多阵啦。(zoi³ co⁵ do¹ zan⁶ laa¹)
［再坐一会儿吧。］

三、(生活)对话

A:小陈,我嚟啦。(siu² can⁴, ngo⁵ lai⁴ laa¹)
［小陈,我来了。］
B:嚟,嚟,请入嚟。(lai⁴, lai⁴, ceng² jap⁶ lai⁴)
［来,来,请进。］
A:哇,你屋企好靓哦。(waa¹, nei⁵ uk¹ kei² hou² leng³ o⁴)
［哇,你家好漂亮啊。］
B:多谢,你要饮吡嘢茶？(do¹ ze⁶, nei⁵ jiu³ jam² mat¹ je⁵ caa⁴)

[多谢,你想喝什么茶?]
A:饮水就得啦。(jam² seoi² zau⁶ dak¹ laa¹)
[喝水就行了。]
(一小时后……)
A:时候唔早啦,我翻去先啦。
(si⁴ hau⁶ m⁴ zou² laa¹, ngo⁵ faan¹ heoi³ sin¹ laa¹)
[时间不早了,我先回去了。]
B:再坐多阵啦。(zoi³ co⁵ do¹ zan⁶ laa¹)
[再坐会儿吧。]
A:唔坐啦,我仲有事。(m⁴ co⁵ laa¹, ngo⁵ zung⁶ jau⁵ si⁶)
[不坐了,我还有事。]
B:咁我送吓你。(gam² ngo⁵ sung³ haak³ nei⁵)
[那我送你。]
A:唔使啦,我自己走就得噶啦。
(m⁴ sai² laa¹, ngo⁵ zi⁶ gei² zau² zau⁶ dak¹ gaa¹ laa¹)
[不用啦,我自己走就可以了。]
B:唔紧要,我送到你去电梯口啦。
(m⁴ gan² jiu³, ngo⁵ sung³ dou³ nei⁵ heoi³ din⁶ tai¹ hau² laa¹)
[没关系,我就送你到电梯口。]
A:唔该晒。(m⁴ goi¹ saai³)
[谢谢。]
B:唔晒,得闲多嚟玩啦。
(m⁴ saai³, dak¹ haan⁴ do¹ Dlai⁴ waan⁴ laa¹)
[不用谢,有空多来玩。]
A:好既,再见。(hou² gei³, zoi³ gin³)
[好啊,再见。]

第四课 交通/问路/请求帮忙

一、粤语词汇

逼（bik¹）	拥挤
行（haang⁴）	走
搭车（daap³ce¹）	乘车
碌卡（luk¹kaa¹）	刷卡
借下（ze³haa⁵）	借过
落车（ok⁶ce¹）	下车
打的（daa²dik¹）	叫出租车
巴士（baa¹si⁶）	公交车
塞车（sak¹ce¹）	堵车
坐低（co⁵dai¹）	坐下
散纸（saan²zi²）	零钱
几耐（gei²noi⁶）	多久
唔该（m⁴goi¹）	打搅了
冇几远（mou⁵gei²jyun⁵）	没多远

二、粤语典型句子

可唔可以帮吓我？（ho²m⁴ho²ji⁵bong¹haak³ngo⁵）
[可不可以帮我个忙？]
唔好意思。（m⁴hou²ji³si¹）
[不好意思。]
呢部车去越秀公园嘅吗？（li¹bou⁶ce¹heoi³jyut⁶sau³gung¹jyun⁴ge¹maa¹）
[这辆车去越秀公园的吗？]
我已经碌过卡啦。（ngo⁵ji⁵ging¹luk¹gwo³kaa¹laa⁵）

[我已经刷过卡了。]

我搭过咗站啦,点算啊?
(ngo⁵ daap³ gwo³ zo² zaam⁶ laa¹ , dim² syun³ aa³)

[我坐过站了,怎么办?]

唔该俾我落车。(m⁴ goi¹ bei² ngo⁵ lok⁶ ce¹)

[请让我下车。]

宜家上咗高架。(ji⁴ gaa¹ soeng⁵ zo² gou¹ gaa³)

[现在上高架。]

就系呢度停车啦。(zau⁶ hai⁶ li¹ dou⁶ ting⁴ ce¹ laa¹)

[就在这停车吧。]

听日去佛山嘅票仲有冇啊?
(teng¹ jat⁶ heoi³ fat⁶ saan¹ ge¹ piu³ zung⁶ jau⁵ mou⁴ aa¹)

[明天去佛山的票还有吗?]

对唔住,得翻硬座了。(deoi³ m⁴ zyu⁶ , dak¹ faan¹ ngaang⁶ zo⁶ laa⁵)

[对不起,只有硬座了。]

摞好你嘅行李。(lo³ hou² nei⁵ ge¹ haang⁴ lei⁵)

[拿好你的行李。]

俾100蚊你。(bei² jat¹ baak⁶ man¹ nei⁵)

[给你100元钱。]

请问去广州火车站点行?
(ceng² man⁶ heoi³ gwong² zau¹ fo² ce¹ zaam⁶ dim² haang⁴)

[请问去广州火车站怎么走?]

请问呢趟车要晏几个钟?
(ceng² man⁶ li¹ tong³ ce¹ jiu³ ngaan³ gei² go³ zung¹)

[请问这趟车要晚点几个小时?]

先生,去边啊?(sin¹ saang¹ , heoi³ bin¹ aa¹)

[先生,去哪里?]

唔该问吓天河城离呢度远唔远啊?
(m⁴ goi¹ man⁶ haak³ tin¹ ho⁴ seng⁴ lei⁴ li¹ dou⁶ jyun⁵ m⁴ jyun⁵ aa¹)

[请问天河城离这里远不远?]

三、(生活)对话

A:唔该,请问天河客运站系边度啊?(m⁴ goi¹ , ceng² man⁶ tin¹ ho⁴

haak³wan⁶zaam⁶hai⁶ bin¹dou⁶aa¹)？

[请问天河客运站在哪？]

B:离呢度好远嘅。(lei⁴li¹dou⁶hou²jyun⁵gaa¹)

[离这儿很远的。]

A:咁点去呢？(gam²dim²heoi³le¹)

[那怎么去呢？]

B:先要坐23路车坐8站,再转地铁三号线,就可以到嘎啦。
(sin¹jiu¹co⁵lou⁶ce¹co⁵baat³go³zaam⁶, zoi³zyun³dei⁶tit³saam³hou⁴sin³, zau⁶ho²ji⁵dou³gaa¹laa¹)

[先要坐23路车坐8站,再转地铁三号线,就可以到了。]

A:巴士站离呢度远唔远嘎？
(baa¹si⁶zaam⁶lei¹li¹dou⁶jyun⁵m⁴jyun⁵gaa¹)

[公交车站离这里远吗？]

B:好近嘎,呢条路直行,过咗红绿灯就睇到啦。(hou²kan⁵gaa¹, li¹tiu⁴lou⁶zik⁶haang⁴, gwo³zo²hung⁴luk⁶dang¹zau⁶tai²dou²laa¹)

[很近的,这条路直走,过了红绿灯就看到了。]

A:多谢。(do¹ze⁶)

[谢谢。]

(出地铁站后……)

A:唔该问下天河客运站点去啊？
(m⁴goi¹man⁶haa⁵tin¹ho⁴haak³wan⁶zaam⁶dim² heoi³aa⁵)

[请问天河客运站怎么走？]

B:你系呢度行去嗰度,穿过第二条马路就到了。(nei⁵hai⁶li¹dou⁶haang⁴heoi³go³dou⁶, cyun¹gwo³dai⁶ji⁶tiu⁴maa⁵lou⁶zau⁶dou³laa⁵)

[你从这里过去那边,穿过第二条马路就到了。]

A:你可唔可以指一下路俾我睇？
(nei⁵ho²m⁴ho²ji⁵zi²jat¹haa⁵lou⁶bei²ngo⁵tai²)

[你可以给我指一下路吗？]

B:嗰度有个书报亭,你睇唔睇到？
(go³dou⁶jau⁵go³syu¹bou³ting⁴, nei⁵tai²m⁴tai²dou³)

[那里有个书报亭,你看到没？]

A:睇到啦,跟住呢？(tai²dou³laa¹, gan¹zyu⁶le¹)

[看到了,接着呢？]

B:你到嗰边右拐马路对面行过啲就系啦。

(nei^5 dou^3 go^3 bin^1 jau^6 gwaai^2 maa^5 lou^6 deoi^3 min^6 haang^4 gwo^3 dik^1 zau^6 hai^6 laa^1)

［你到那边右拐马路对面过去一点就是了。］

A:好既,唔该晒。(hou^2 gei^3 , m^4 goi^1 saai^3)

［好的,谢谢。］

B:唔使客气。(m^4 sai^2 haak^3 hei^3)

［不用客气。］

第五课 购物/商品评价/讨价还价

一、粤语词汇

着（zoek³）	穿
蚊（man¹）	元
细（sai³）	小
衬（can³）	配
便（peng⁴）	便宜
啱（ngaan⁵）	合适
衫（saam¹）	衣服
靓（leng³）	漂亮
拣（gaan²）	挑选
码数（maa⁵ sou³）	尺码
折底（sit³ dai²）	吃亏
散纸（saan² zi²）	零钱
薯仔（syu⁴ zai²）	土豆
折本（sit³ bun²）	赔本
碌卡（luk¹ kaa¹）	刷卡
帮衬（bong¹ can³）	光顾

二、粤语典型句子

呢啲苹果几钱一斤啊？（li¹ dik¹ ping⁴ gwo² gei² cin² jat¹ gan¹ aa¹）
[这苹果一斤多少钱？]
请问有冇波鞋呀？（ceng² man⁶ jau⁵ mou⁵ bo¹ haai⁴ jaa¹）
[请问有没有球鞋？]
呢个点卖呀？（li¹ go³ dim² maai⁶ aa¹）
[这个怎么卖？]

边啲果呢排摘㗎?(bin¹ dik¹ gwo² ni¹ paai⁴ zaak⁶ gaa¹)

[哪种水果比较新鲜?]

咁贵㗎,便少少啦!(gam² gwai³ gaa¹, peng⁴ siu² siu² laa¹)

[这么贵啊,便宜点吧!]

俾五斤橘子我。(bei² ng⁵ gan¹ gat¹ zi² ngo⁵)

[给我五斤橘子。]

我冇散纸,一百蚊找唔找得开啊?
(ngo⁵ mou⁵ saan² zi², jat¹ baak³ man¹ zaau² m⁴ zaau² dak¹ hoi¹ aa¹)

[我没零钱,一百元找得开吗?]

今日呢啲嘢大减价,任你拣。(gam¹ jat⁶ li¹ dik¹ je⁵ daai⁶ gaam² gaa³, jam⁴ nei⁵ gaan²)

[今天这些东西大减价,随你选。]

唔系流嘢啊嘛?(m⁴ hai⁶ lau⁴ je⁵ aa⁴ maa³)

[不是假货吧?]

呢件你着得好好睇。(ni¹ gin⁶ nei⁵ zoek³ dak¹ hou² hou² tai²)

[这件你穿着很好看。]

我谂就要呢件啦。(ngo⁵ lam² zau⁶ jiu³ ni¹ gin⁶ laa¹)

[我想就要这件了。]

我要买对鞋送俾佢。(ngo⁵ jiu³ maai⁵ deoi³ haai⁴ sung³ bei² keoi⁵)

[我要买双鞋送给她。]

呢条裙真系唔错,我好中意。(ni¹ tiu⁴ kwan⁴ zan¹ hai⁶ m⁴ co³, ngo⁵ hou² zung¹ ji³)

[这条裙子真不错,我很喜欢。]

你想要既牙膏已经卖晒啦。
(nei⁵ soeng² jiu³ gei³ ngaa⁴ gou¹ ji⁵ ging¹ maai⁶ saai³ laa¹)

[你想要的牙膏已经卖完了。]

三、(生活)对话

对话一:

A:老世,滴苹果几钱一斤啊?(lou⁵ sai³, li¹ dik¹ ping⁴ gwo² gei² cin² jat¹ gan¹ aa¹)

[老板,这苹果一斤多少钱?]

B:3 个 2。(saam¹ go³ ji⁴)

[三块二。]

A:咁西瓜咧？（gam² sai¹ gwaa¹ le¹）

[那西瓜呢？]

B:两个半。（leong⁵ go³ bun³）

[两块半。]

对话二：

A:哇,果件衫好靓啊,我好钟意佢既款啊！我哋过去睇下咯？

（waa¹, gwo² gin⁶ saam¹ hou² leng³ aa¹, ngo⁵ hou² zung¹ ji³ keoi⁵ gei³ fun² aa¹, ngo⁵ dai⁶ gwo³ heoi⁶ tai⁶ haa⁶ lo）

[哇,那件衣服好漂亮啊,我好喜欢它的款式啊！我们过去看一下吧？]

B:好啊。（hou² aa¹）

[好。]

A:你觉得点啊？（nei⁵ gok³ dak¹ dim² aa¹）

[你觉得怎么样？]

B:试过先知。（si³ gwo³ sin¹ zi¹）

[要试过才知道。]

A:地摊无得试噶。好彩有我既码。如果价格合适,我就买啦。

（dei⁶ taan¹ mou⁴ dak¹ si³ gaa¹。hou² coi² jau⁵ ngo⁵ gei³ maa⁵。jyu⁴ gwo² gaa³ gaak³ hap⁶ sik¹, ngo⁵ zau⁶ maai⁵ laa¹）

[地摊货是不许试的。还好有我的码,如果价格合适的话,我就买吧。]

A 找老板谈价钱……

A:老世,呢件衫点卖啊？（lou⁵ sai³, li¹ gin⁶ saam¹ dim² maai⁶ aa¹）

[老板,这件衣服怎么卖？]

C:果件啊,见你咁靓女,计你便D,就80蚊啦。卖人哋一百蚊噶。

（gwo² gin⁶ aa⁴, gin³ nei⁵ gam³ leng³ leoi⁵, gai³ nei⁵ peng⁴ D, zau⁶ baat sap⁶ man¹ laa¹。maai⁶ jan⁴ dei⁶ jat¹ baak³ man¹ gaa³）

[那件啊。看在美女的份儿上,算你便宜点,卖你 80 块吧。我卖别人都是 100 块的。]

a:哇,好贵喔~有无得便滴啊？（waa¹, hou² gwai³ wo¹ ~ jau⁵ mou⁴ dak¹ peng⁴ dik¹ aa¹）

[哇,太贵了吧。可以便宜点吗？]

C:靓女,一分钱一分货啊。

(leng³ leoi⁵, jat¹ fan¹ cin⁴ jat¹ fan¹ fo³ aa⁴)

[美女,一分钱一分货啊。]

A:但系呢件系衫嚟咋,有乜理由咁贵呀。你睇下,滴料都唔系几靓既料,便滴啦唔该。

(daan⁶ hai⁶ li¹ gin⁶ hai⁶ saam¹ lai⁴ zaa³, jau⁵ mat¹ lei¹ jau⁴ gam² gwai³ aa¹。nei⁵ tai² haa⁵, dik¹ liu⁶ dou¹ m⁴ hai⁶ gei² leng³ gei³ liu², peng⁴ dik¹ laa¹ m⁴ goi¹)

[但是这只是一件衣服而已,怎么这么贵啊?你看看,这料子也不是很好的料子,就便宜点啦。]

C:唉呀,咁就70蚊啦。已经好便嘎啦,我都就嚟无钱赚啦。(aai¹ jaa⁶, gam² zau⁶ cat⁶ sap⁶ man¹ laa¹。ji⁵ ging¹ hou² peng⁴ gaa³ laa¹, ngo⁵ dou¹ zau⁶ lai⁴ mou⁴ cin² zaan⁶ laa¹)

[唉呀,那就79块钱啦,已经很便宜了,我都快不挣钱了。]

B:老世,我哋仲读紧书嘎,无乜钱。你干脆就45蚊买我哋啦。
(lou⁵ sai³, ngo⁵ dei⁶ zung⁶ duk⁶ gan² syu¹ gaa¹, mou⁴ mat¹ cin²。nei⁵ gon¹ ceoi³ zau⁶ sei³ sap⁶ man¹ maai⁵ ngo⁵ dei⁶ laa¹)

[老板,我们还是学生,没什么钱的。你干脆就45块啦。]

C:靓女呀,你都要俾我赚滴先得嘎。无讲咁多啦,最低60啦。钟意就摞,唔啱就算啦。(leng³ leoi⁵ jaa¹, nei⁵ dou¹ jiu³ bei² ngo⁵ zaan⁶ dik¹ sin¹ dak¹ gaa³。mou⁴ gong² gam² do¹ laa¹, zeoi³ dai¹ luk⁶ sap⁶ laa¹。zung¹ ji³ zau⁶ lo³, m⁴ ngaan⁵ zau⁶ syun³ laa¹)

[美女,我也是要挣钱的。别说那么多了,最低60块。喜欢就买,不买就甭说了。]

A:咪咁咧。你睇,件衫线头又多,呢个印花睇怕会变形。你就爽脆滴,50蚊卖俾我啦。(mai⁶ gam² le⁴。nei⁵ tai², gin⁶ saam¹ sin³ tau⁴ jau⁶ do¹, ni¹ go³ jan¹ faa¹ tai² paa³ wui⁵ bin³ jing⁴。nei⁵ zau⁶ song² ceoi³ dik¹, ng⁵ sap⁶ man¹ maai⁶ bei² ngo⁵ laa¹)

[不要这样嘛。你看,这衣服有好多线头,它的印花看上去也是会变形的。你就大方点,50块卖我啦。]

C:唔得啊,一分钱一分货嘎。我已经俾咗好多优惠啦,咪再讲啦。

(m⁴ dak¹ aa¹, jat¹ fan¹ cin⁴ jat¹ fan¹ fo³ gaa³。ngo⁵ ji⁵ ging¹ bei² zo² hou² do¹ jau¹ wai⁶ laa¹, mai⁶ zoi³ gong² laa¹)

〔不可以啊,一分钱一分货啊。我已经优惠很多给你了,不要再讲啦。〕

A:老世,我真系好霖件衫,你就便便地卖俾我啦,好唔好啊?

(lou⁵sai³, ngo⁵zan¹ hai⁶hou²lam⁴gin⁶saam¹, nei⁵zau⁶peng⁴peng⁴dei⁶maai⁶ bei²ngo⁵laa¹,hou²m⁴hou²aa¹)

〔老板,我真的好喜欢这件衣服。你便宜点卖给我吧,好不好?〕

C:唉,算啦算啦。50蚊俾你啦。下次记得再嚟帮衬啊。

(aai¹, syun³ laa¹syun³laa¹. ng⁵sap⁶man¹bei²nei⁵laa⁶。haa⁵ci³gei³dak¹zoi³lai⁴bong¹can³aa¹)

〔唉,服了你了。50块卖给你吧。下回要记得再来光顾啊。〕

A:唔该晒老世。下次我哋会再嚟帮衬你噶~

(m⁴goi¹saai⁵lou⁵sai³。haa⁵ci³ngo⁵ dei⁶wui⁵zoi³lai⁴bong¹can³nei⁵gaa⁶)

〔谢谢老板。我们下次还会再来光顾你的。〕

附录:粤语数字读法

1(jat¹) 2(ji⁶) 3(saam¹) 4(sei³) 5(ng⁵)
6(luk⁶) 7(cat¹) 8(baat³) 9(gau²) 10(sap⁶)
11(sap⁶jat¹) 20(ji⁶sap⁶) 100(jat¹baak³) 20000(loeng⁵maan⁶)

注:常用21 jaa⁶jat¹;22 jaa⁶ji⁶;23 jaa⁶saam¹,依此类推,到29为止。

第六课 住宿

一、粤语词汇

揾（wen²）	找
房（fong⁴）	房间
台（toi4）	桌子
凳（dang3）	椅子
搬屋（bun¹uk¹）	搬家
转头（zyun³tau⁴）	回头，再
平方（ping⁴fong¹）	平方米
1米5（jat¹mai⁵ng⁵）	1.5米
仲有无（zung⁶jau⁵mou⁴）	还有没有
订/Book 房（deng⁶/Book fong⁴）	订房间

二、粤语常用句子

1. 你哋依家有无房要出租啊？

（nei⁵dei⁶ji¹gaa¹jau⁵mou⁴fong⁴jiu³ceot¹zou¹aa¹）

[你们现在有没有房间要出租啊？]

2. 我想租间小套房或者一房一厅既公寓。

（ngo⁵soeng²zou¹gaan¹siu²tou³fong⁴waak⁶ze²jat¹fong⁴jat¹teng¹gei³gung¹jyu⁶）

[我想租一间小套房或是有一房一厅的公寓。]

3. 租金几多？押金又系几多？

（zou¹gam¹gei²do¹？aat³gam¹jau⁶hai⁶gei²do¹）

[租金是多少？押金又是多少？]

4. 仲有无空房？（zung⁶jau⁵mou⁴hung¹fong⁴）

[还有空房间吗？]

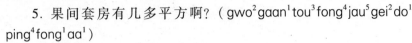

5. 果间套房有几多平方啊？（gwo² gaan¹ tou³ fong⁴ jau⁵ gei² do¹ ping⁴ fong¹ aa¹）

[那间套房有多少平方米？]

6. 有无供热水呀？（jau⁵ mou⁴ gung¹ jit⁶ seoi² jaa¹）

[提供热水吗？]

7. 包唔包傢俬？（baau¹ m⁴ baau¹ gaa¹ si¹）

[有带家具吗？]

8. 我依家住系学校,不过我谂住六月份之后搬到学校外边既公寓。

（ngo⁵ ji¹ gaa¹ zyu⁶ hai⁶ hok⁶ haau⁶, bat¹ gwo³ ngo⁵ lam² zyu⁶ luk⁶ jyut⁶ fan⁶ zi¹ hau⁶ bun¹ dou³ hok⁶ haau⁶ ngoi⁶ bin¹ gei³ gung¹ jyu⁶）

[我现在住在学校,但我打算在六月后搬进学校外的公寓。]

9. 边滴公共设施我需要俾钱？

（bin¹ dik¹ gung¹ gung⁶ cit³ si¹ ngo⁵ seoi¹ jiu³ bei² cin²）

[我要负担哪些公共设施？]

10. 好啦,就佢啦。我转头去租赁办公室揾你。（hou² laa¹, zau⁶ keoi⁵ laa¹。ngo⁵ zyun³ tau⁴ heoi³ zou¹ jam⁶ baan⁶ gung¹ sat¹ wen² nei⁵）

[好的,我决定要它了,我再去租赁办公室找你。]

三、生活情景对话

A:先生/小姐,请问有乜嘢可以帮到你？

（sin¹ saang¹/siu² ze², ceng² man⁶ jau⁵ mat¹ je⁵ ho² ji⁵ bong¹ dou³ nei⁵）

[先生/女士,请问有什么我可以帮到你？]

B:我想订间房。请问1月17到21号仲有无单人间可以订？

（ngo⁵ soeng² deng⁶ gaan¹ fong⁴。ceng² man⁶ jat¹ jyut⁶ sap⁶ cat¹ dou³ ji⁶ sap⁶ jat¹ hou⁶ zung⁶ jau⁵ mou⁴ daan¹ jan⁴ gaan¹ ho² ji⁵ deng⁶）

[我想订房间。请问1月17号到21号还有没有单人房可订？]

A:果个时间段既单人房仲有5间。

（gwo² go³ si⁴ gaan³ dyun⁶ gei¹ daan¹ jan⁴ fong⁴ zung⁶ jau⁵ ng⁵ gaan¹）

[那个时间段的单人房还有5间空房。]

B:我想问下啊,单人房入边有咩配置呀？

（ngo⁵ soeng² man⁶ haa⁵ le¹, daan¹ jan⁴ fong⁴ jap⁶ bin¹ jau⁵ me¹ pui³ zi³ jaa¹）

[我想问一下,单人房都有什么配置？]

A:单人标间配既系一张1米5既单人床,单人商务间配既系1米8既。我哋宾馆既每个房间都配有电视机、空调、wifi、独立卫生间、淋浴间。豪华单人间仲配有电冰箱同埋阳台。请问先生想订边一种?(daan¹ jan⁴ biu¹ gaan¹ pui³ gei³ hai⁶ jat¹ zoeng¹ jat¹ mai⁵ ng⁵ gei³ daan¹ jan⁴ cong⁴, daan¹ jan⁴ soeng¹ mou⁶ gaan¹ pui³ gei³ hai⁶ jat¹ mai⁵ baat³ gei³. ngo⁵ dei⁶ ban¹ gun¹ gei³ mui⁵ go³ fong¹ gaan¹ dou¹ pui³ jau⁵ din⁶ si⁶ gei¹、hung¹ tiu⁴、wifi、duk⁶ lap⁶ wai⁶ saang¹ gaan¹、lam⁴ juk⁶ gaan¹。hou⁴ waa⁴ daan¹ jan⁴ gaan¹ zung⁶ pui³ jau⁵ din⁶ bing¹ soeng¹ tung⁴ maai⁴ joeng⁴ toi⁴. ceng² man⁶ sin¹ saang¹ soeng² deng⁶ bin¹ jat¹ zung²)

[标准单人间配有一张1.5米宽的单人床,商务单人间则是1.8米的床。本宾馆的每个房间都配有电视机、空调、无线网络、独立卫生间和淋浴间。而豪华单人间还配有电冰箱和阳台。请问先生想要订哪一种?]

B:佢哋既价格分别系几多?(keoi⁵ dei⁶ gei³ gaa³ gaak³ fan¹ bit⁶ hai⁶ gei² do¹)

[这些房间的价格分别是多少?]

A:单人标间系每晚170蚊,单人商务间系260蚊,豪华单人间系450蚊。不过上官网订价格会有优惠。

(daan¹ jan⁴ biu¹ gaan¹ hai6 mui⁵ maan⁵ jat¹ baak³ cat¹ man¹, daan¹ jan¹ soeng¹ mou⁶ gaan¹ hai⁶ ji⁶ baak³ luk⁶ sap⁶ man¹, hou⁴ waa⁴ daan¹ jan⁴ gaan¹ hai⁶ sei³ baak³ ng⁵ sap⁶ man¹. bat¹ gwo³ soeng⁵ gun¹ mong⁵ deng⁶ gaa³ gaak³ wui⁵ jau⁵ jau¹ wai⁶)

[标准单人间的是每晚170元,商务单人间是每晚260元,豪华单人间是450元每晚。不过在官网上订的话,价格会有优惠。]

B:咁啊,咁我上网睇下先。(gam² aa⁴, gam² ngo⁵ soeng⁵ mong⁵ tai² haa⁵ sin¹)

[这样哦,那我先上网看一下。]

A:嗯,如有特殊要求,先生只需要系订房既备注果度标注个人要求就得啦。

(ng⁶, jyu⁴ jau⁵ dak⁶ syu¹ jiu¹ kau⁴, sin¹ saang¹ zi² seoi¹ jiu³ hai⁶ deng⁶ fong⁴ gei³ bei⁶ zyu³ gwo² dou⁶ biu¹ zyu³ go³ jan⁴ jiu¹ kau⁴ zau⁶ dak¹ laa¹)

[好的。如有特殊要求,先生只需要在订房备注那里写上个人要求

就可以了。]
    B:明白,唔该晒。(ming^{4}baak^6,m^{4}goi^{1}saai^3)
    [明白,谢谢。]
    A:唔使客气。(m^{4}sai^{2}haak^{3}hei^3)
    [不客气。]

第七课 看病/健康状况

一、粤语词汇

哗（tau²）	休息
郁（juk¹）	动
肚痛（tou⁵tung³）	肚子疼
身庆（san¹hing3）	发热
吊水（diu³seoi²）	打吊针
执药（zap¹joek⁶）	开药
煲药（bou¹joek⁶）	熬药/煎药
睇医生（tai²ji¹saang¹）	看病
周身痕（zau¹san¹han⁴）	浑身痒痒的
成身病（seng⁴san¹beng⁶）	（形容一个人很多病痛）
头赤赤痛（tau⁴cek³cek³tung³）	头好痛

二、粤语常用句子

1. 你边度唔舒服？（nei⁵bin¹dou⁶m⁴syu¹fuk⁶）

   [你哪里不舒服？]

2. 点解会忽然间身庆既？（dim²gaai²wui⁵fat¹jin⁴gaan¹san¹hing³gei³）

   [为什么会突然发热呢？]

3. 你无嘢噶吗？（nei⁵mou⁴je⁵gaa¹maa¹）

   [你没事吧？]

4. 执两剂药返去煲，饮两日就无事啦。（zap¹loeng⁵zai¹joek⁶faan¹heoi³bou¹,jam²loeng⁵jat⁶zau⁶mou⁴si⁶laa¹）

   [开些药回去熬，喝几天就没事了。]

5. 医生,我既病系唔系好大剂啊?

(ji¹saang¹,ngo⁵gei³beng⁶hai⁶m⁴hai⁶hou²daai⁶zai¹aa¹)

[医生,我的病是不是很严重?]

6. 医院滴药比出边既贵好多。

(ji¹jyun² dik¹ joek⁶ bei² ceot¹ bin¹ gei³ gwai³ hou² do¹)

[医院的药比外面的要贵很多。]

7. 吊咗成日针水,佢既面色先至好返。

(diu¹ zo² seng⁴ jat⁶ zam¹ seoi², keoi⁵ gei³ min⁶ sik¹ sin¹ zi³ hou² faan¹)

[打了一天的吊针,他的脸色才好起来。]

8. 唔好郁啊,你只脚仲肿紧嘎。(m⁴hou²juk¹aa¹, nei⁵ zek³ goek³ zung⁶ zung² gan² gaa¹)

[别乱动,你那条腿还肿着呢。]

9. 返去唞下,无谂咁多,朝早早起身去运动下,好快就会正常返嘎啦。

(faan¹ heoi³ tau² haa⁵, mou⁴ lam² gam² do¹, ziu¹ zou² zou² hei² san¹ heoi³ wan⁶ dung⁶ haa⁵, hou² faai³ zau⁶ wui⁵ zing³ soeng⁴ faan¹ gaa¹ laa¹)

[回去休息一下,不要想太多,早上早点起来去做做运动,很快就会正常的了。]

10. 我陪你去睇医生。(ngo⁵pui⁴nei⁵heoi³tai²ji¹saang¹)

[我陪你去看病吧。]

三、生活情景对话

对话一:

A:妈,我好唔舒服啊。(maa¹,ngo⁵hou²m⁴syu¹fuk⁶aa¹)

[妈妈,我很不舒服啊。]

B:点会咁庆啊? 剌剌声着衫,我车你去睇医生!

(dim² wui⁵ gam² hing³ aa¹? laat⁶ laat⁶ seng¹ zoek³ saam¹, ngo⁵ ce¹ nei⁵ heoi³ tai² ji¹ saang¹)

[怎么会这么烫? 快点穿衣服,我开车带你去看病!]

A,B 在医院,医生 C 问话:

C:先测下体温,5 分钟之后过嚟搵我。

(sin¹ caak¹ haa⁵ tai² wan¹, ng⁵ fan¹ zung¹ zi¹ hau⁶ gwo³ lai⁴ wen² ngo⁵)

[先去测体温,5 分钟之后过来找我。]

5 分钟之后……

C:嗯,高烧39度3。几时开始烧嘎?有无食过其他药?

(ng⁶,gou¹siu¹saam¹sap⁶gau²dou⁶saam¹。gei²si⁴hoi¹ci²siu¹gaa¹? jau⁵mou⁴sik⁶gwo³kei⁴taa¹joek⁶)

[嗯,高烧39.3 ℃。什么时候开始发烧的?吃过其他药吗?]

A:宴昼就有点唔罗利,晚黑8点左右先开始发热。仲未食过药。

(jin³zau³zau⁶jau⁵dim²m⁴lo⁴lei⁶,maan⁵haak¹dim²zo²jau⁶sin¹hoi¹ci² faat³jit⁶。zung⁶mei⁶sik⁶gwo³joek⁶)

[下午就有点不舒服了。晚上8点左右才开始发烧的。还没吃过什么药。]

C:咁吊支水退烧先。如果吊完返去之后,仲反复发烧,就即刻返嚟打消炎针。知未?

(gam³diu³zi¹seoi²teoi³siu¹sin¹。jyu⁴gwo²diu³jyun⁴faan¹heoi³zi¹ hau⁶,zung⁶faan²fuk¹faat³siu¹,zau⁶zik¹hak¹faan¹lai⁴daa²siu¹jim⁴zam¹。zi¹mei⁶)

[那先去打支吊针退烧。如果打完吊针回去之后,还反复发烧,就立刻回来打消炎针。知道了吗?]

A:哦。(o⁴)。

[哦。]

(A,B 去给钱拿药……)

B:你企系度无郁,我去果边俾钱摞针水。

(nei⁵kei⁵hai²dou⁶mou⁴juk¹,ngo⁵heoi³gwo²bin¹bei²cin³lo³zam¹seoi²)

[你站在这里别乱走,我去那边付钱取药。]

对话二:

C:王明,你依家感觉点啊?

(wong⁴ming⁴,nei⁵ji¹gaa¹gam²gok³dim²aa¹)

[王明,你现在感觉如何?]

A:好好多啦,就嚟全部好晒啦。

(hou²hou²do¹laa¹,zau⁶lai⁴cyun⁴bou⁶hou²saai³laa¹)

[我已经好多了。几乎康复了。]

C:体温点啊?(tai²wan¹dim²aa¹)

[体温怎么样?]

A:正常,就系仲有滴咳。

(zing³soeng⁴,zau⁶hai⁶zung⁶jau⁵dik¹kat¹)

[正常,只是还有点咳嗽。]

第八课 旅游

一、粤语词汇

一齐（jat¹cai⁴）	一起
好味（hou²mei⁶）	好吃
手信（sau²seon³）	礼物
旅游（leoi⁵jau⁴）	旅游
打的（daa²dik¹）	坐出租车
影相（jing²soeng²）	照相
谂住（lam²zyu⁶）	打算
好好睇（hou²hou²tai²）	好精彩
俾人呃（bei²jan⁴ak¹）	被人骗
浸温泉（zam3 wan1 cyun4）	泡温泉
的而且确（dik¹ji⁴ce²kok³）	确实/的确

二、粤语常用句子

1. 春节就嚟到啦。（ceon¹zit³zau⁶lai⁴dou³laa¹）
[春节就快到了。]
2. 就咁话啦。（zau⁶gam²waa⁶laa¹）
[就这么说定了。]
3. 唔好俾人呃。（m⁴hou²bei²jan⁴ak¹）
[不要被人骗了。]
4. 你谂住去边啊？（nei⁵lam²zyu⁶heoi³bin¹aa¹）
[你打算去哪里？]
5. 我哋齐齐影张相啊。
（ngo⁵dei⁶cai⁴cai⁴jing²zoeng¹soeng²aa¹）
[我们来张大合照吧。]

6. 我哋一齐去啦。(ngo⁵ dei⁶ jat¹ cai⁴ heoi³ laa¹)

［我们一起去吧。］

7. 你想唔想出去行下?

(nei⁵ soeng² m⁴ soeng² ceot¹ heoi³ haang⁴ haa⁵)

［你想不想出去走走?］

8. 呢度滴人好友善,滴嘢又便又好食。

(ni¹ dou⁶ dik¹ jan⁴ hou² jau⁵ sin⁶, dik¹ je⁶ jau⁶ peng⁴ jau⁶ hou² sik⁶)

［这里的人很友好,这里的东西又便宜又好吃。］

9. 你谂住点去啊?(nei⁵ lam² zyu⁶ dim² heoi³ aa¹)

［你准备怎么过去?］

10. 出去玩既话,交通同埋住宿系大头。

(ceot¹ heoi³ waan⁴ gei³ waa⁶, gaau¹ tung¹ tung⁴ maai⁴ zyu⁶ suk¹ hai⁶ daai⁶ tau⁴)

［出去玩的话,交通费和住宿费占花销的大部分。］

三、生活情景对话

对话一:

A:国庆就嚟到了,你有咩嘢计划啊?

(gwok³ hing³ zau⁶ lai⁴ dou³ liu⁵, nei⁵ jau⁵ me¹ je⁵ gai³ waa⁴ aa¹)

［很快就到国庆了,你有什么计划?］

B:仲未认真谂过。不过一定会去出边行下既。你呢,有乜计划啊?

(zung⁶ mei⁶ jan⁶ zan¹ lam² gwo³。bat¹ gwo³ jat¹ ding⁶ wui⁵ heoi³ ceot¹ bin¹ haang⁴ haa⁵ gei³。nei⁵ le¹, jau⁵ mat¹ gai³ waa⁴ aa¹)

［还没仔细想过。但是一定会出去走走,你呢,有什么计划?］

A:我谂住去浸温泉。我哋一齐去呀。

(ngo⁵ lam² zyu⁶ heoi³ zam³ wan¹ cyun⁴。ngo⁵ dei⁶ jat¹ cai⁴ heoi³ jaa¹)

［我打算去泡温泉。我们一起去吧。］

B:呢嗰主意唔错。我早就听讲过温泉。据闻,温泉有益身体健康。

(ni¹ go³ zyu² ji³ m⁴ co³。ngo⁵ zou² zau⁶ teng¹ gong² gwo³ wan¹ cyun⁴。geoi³ man⁴, wan¹ cyun⁴ jau⁵ jik¹ san¹ tai² gin⁶ hong¹)

［好主意,我早就听说温泉了。听说,温泉能帮人变得健康。］

A:的而且确系咁。浸温泉可以有益于医好多病,仲可以消除疲劳。我决定同你一齐去。

(dik¹ji⁴ce²kok³hai⁶gam². zam³wan¹cyun⁴ho²ji⁵jau⁵jik¹jyu¹ji¹hou² do¹ beng⁶zung⁶ho²ji³siu¹ceoi⁴pei⁴lou⁶。ngo⁵kyut³ding⁶tung⁴nei⁵jat¹ cai⁴heoi³)

[确实是这样,泡温泉能帮助治疗很多疾病,还能消除疲劳。我决定和你一起去了。]

对话二：

A：妮娜,就嚟放假啦。你谂住去边啊？

(ni⁴naa⁴, zau⁶lai⁴fong³gaa³laa¹。nei⁵lam²zyu⁶heoi³bin¹aa¹)

[妮娜,很快就要放假了,你打算去哪里？]

B：仲未谂好。不过我有点想去巴西睇睇世界杯。

(zung⁶mei⁶lam²hou²/hou³。bat¹gwo³ngo⁵jau⁵dim²soeng²heoi³ baa¹sai¹ tai²tai²sai³gaai³bui¹)

[暂时还没有决定,不过我有点想去巴西看看世界杯。]

A：真嘅？巴西世界杯肯定好好睇。不过来回机票好贵呀,加埋都成皮几。而且我听同学讲咧,系巴西旅游一日差唔多要使成千蚊嘅。

(zan¹gaa¹? baa¹sai¹sai³gaai³bui¹hang²ding⁶hou²hou²tai²。bat¹ gwo³ loi⁴wui⁴gei¹piu³hou²gwai³aa¹, gaa¹maai⁴dou¹seng⁴pei⁴gei²。ji⁴ ce²ngo⁵teng¹ tung⁴hok⁶gong²le¹, hai⁶baa¹sai¹leoi⁵jau⁵jat¹jat⁶caa¹m⁴ do¹jiu³sai²seng⁴cin¹ man¹gaa¹)

[真的？巴西世界杯肯定很精彩。但是来回机票很贵啊,加起来都一万多了。而且,我同学说,在巴西旅游的话一天就要花差不多一千块啊。]

B：系好贵嘅。不过,都系好想去。

(hai⁶hou²gwai³gaa¹。bat¹gwo³, dou¹hai⁶hou²soeng²heoi³)

[是很贵啊。但是我还是好想去哦。]

A：咁如果你过去既话,要注意安全,唔好俾人呃啊。仲有要记得带手信返嚟喔。

(gam²jyu⁴gwo²nei⁵gwo³heoi³gei³waa⁶, jiu³zyu³ji³on¹cyun⁴, m⁴ hou² bei³jan⁴ak¹aa¹。zung⁶jau⁵jiu³gei³dak¹daai³sau²seon³faan¹lai⁴wo¹)

[如果你真的去的话,要注意安全,不要被人骗了,还有要记得带礼物回来啊。]

对话三：

(A,B 在海边城市旅游……)

A:哇塞,果度好靓啊。我哋过去影张相啊!

(waa¹ sai³ , go² dou⁶ hou² leng³ aa¹ 。 ngo⁵ dei⁶ gwo³ heoi³ jing² zoeng¹ soeng² aa¹)

[哇,那里好漂亮啊。我们过去照相吧!]

B:好啊。我帮你影先。摆个好睇既 pose 喔。

(hou² aa¹ 。 ngo⁵ bong¹ nei⁵ jing² sin¹ 。 baai² go³ hou² tai² gei³ POSE wo¹)

[好啊。我先帮你照。你要摆个好看点的姿势哦。]

A:好钟意呢个地方啊。个海咁蓝,滴沙滩咁白咁干净,滴海风都无腥味啊。仲有,呢度食嘢好便啊,尤其系海鲜,又便又好味。

(hou² zung¹ ji³ ni¹ go³ dei⁶ fong¹ aa¹ 。 go³ hoi² gam² laam⁴ , dik¹ saa¹ taan¹ gam² baak⁶ gam² gon¹ zeng⁶ , dik¹ hoi² fung¹ dou¹ mou⁴ seng¹ mei aa¹ 。 zung⁶ jau⁵ , ni¹ dou³ sik⁶ je⁵ hou² peng⁴ aa¹ , jau⁴ kei⁴ si⁶ hoi² sin¹ , jau⁶ peng⁴ jau⁶ hou² mei⁶)

[好喜欢这个地方啊。这里的海好蓝,沙滩很白很干净,连这里的海风都没有腥臭味。还有啊,这里吃东西很便宜,尤其是海鲜,又便宜又好吃。]

B:系呀。下次放假,我都仲想嚟多一次啊。好玩又唔贵。

(hai⁶ aa¹ 。 haa⁵ ci³ fong³ gaa³ , ngo⁵ dou¹ zung⁶ soeng² lai⁴ do¹ jat¹ ci³ aa¹ 。 hou² waan⁴ jau⁶ m⁴ gwai³)

[是呀。下回放假我还想来都一次。这里好玩又不贵。]

A:嗯。一于就咁话啦。(ng⁶ 。 jat¹ jyu¹ zau⁶ gam² waa⁶ laa¹)

[好,就这么说定了。]

第九课 商务会谈

一、粤语词汇

谂（lam²）　　　　　　　　考虑
买入（maai⁵ jap⁶）　　　　买进
入货（jap⁶ fo³）　　　　　进货
卖出去（maai⁶ ceot¹ heoi³）　销售

二、粤语常用句子

1. 价格上升系因为原材料价格上涨。
（gaa³ gaak³ soeng⁶ sing¹ hai⁶ jan¹ wai⁴ jyun⁴ coi⁴ liu⁶ gaa³ gaak³ soeng⁶ zoeng³）
［价格上升是因为原材料价格上涨。］

2. 你想要船运定系路运？
（nei⁵ soeng² jiu³ syun⁴ wan⁶ ding⁶ hai⁶ lou⁶ wan⁶）
［你想要走水路还是陆路？］

3. 你谂下，我哋既质量咁好。
（nei⁵ lam² haa⁵, ngo⁵ dei⁶ gei³ zat¹ loeng⁴ gam² hou²）
［你想想，我们的质量可是很好的。］

4. 批货几时可以到？（pai¹ fo³ gei² si⁴ ho² ji⁵ dou³）
［货什么时候能到？］

5. 我牙齿当金使。（ngo⁵ ngaa⁴ ci² dong³ gam¹ sai²）
［我很讲信用的。］

三、交易情景对话

A：好遗憾你哋既报价太高啦。如果就呢个价格买入，我哋实在好难卖出去。

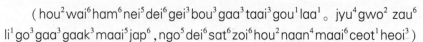

(hou² wai⁶ ham⁶ nei⁵ dei⁶ gei³ bou³ gaa³ taai³ gou¹ laa¹, jyu⁴ gwo² zau⁶ li¹ go³ gaa³ gaak³ maai⁵ jap⁶, ngo⁵ dei⁶ sat⁶ zoi⁶ hou² naan⁴ maai⁶ ceot¹ heoi³)

[很遗憾你们报的价格太高,如果按这种价格买进,我方实在难以销售。]

B:如果你谂下质量,你就唔会觉得我哋既价格太高啦。

(jyu⁴ gwo² nei⁵ lam² haa⁵ zat¹ loeng⁴, nei⁵ zau⁶ m⁴ wui⁵ gok³ dak¹ ngo⁵ dei⁶ gei³ gaa³ gaak³ taai³ gou¹ laa¹)

[如果你考虑一下质量,你就不会觉得我们的价格太高了。]

A:但系,你哋既价格升得太快啦,比旧年就嚟高出20%。

(daan⁶ hai⁶, nei⁵ dei⁶ gei³ gaa³ gaak³ sing¹ dak¹ taai³ faai³ laa¹, bei² gau⁶ nin⁴ zau⁶ lai⁴ gou¹ ceot¹ baak⁶ fen⁶ zi¹ ji⁶ sap⁶)

[但是贵方的价格猛长,比去年几乎高出20%。]

B:咁系因为原材料既价格都上升咗。

(gam² hai⁶ jan¹ wai⁴ jyun⁴ coi⁴ liu⁶ gei³ gaa³ gaak³ dou¹ soeng⁶ sing¹ zo²)

[那是因为原材料的价格上涨了。]

A:我知。我仲想知呢个价格既话,产品既包装系点噶。系人都知,包装直接关乎到产品既销售情况。

(ngo⁵ zi¹. ngo⁵ zung⁶ soeng² zi¹ ni¹ go³ gaa³ gaak³ gei³ waa⁶, caan² ban² gei³ baau¹ zong¹ hai⁶ dim² gaa¹. hai⁶ jan⁴ dou¹ zi¹, baau¹ zong¹ zik⁶ zip³ gwaan¹ fu⁴ dou² caan² ban² gei³ siu¹ sau⁶ cing⁴ fong³)

[我知道。我还想知道就这个价格,产品的包装是怎样的。大家都知道,包装直接关系到产品的销售。]

B:明白,佢都会影响到我哋产品既信誉。我哋都好希望新既包装可以令滴顾客满意。

(ming⁴ baak⁶, keoi⁵ dou¹ wui⁵ jing² hoeng² dou³ ngo⁵ dei⁶ caan² ban² gei³ seon³ jyu⁶. ngo⁵ dei⁶ dou¹ hou² hei¹ mong⁶ san¹ gei³ baau¹ zong¹ ho² ji⁵ ling⁶ dik¹ gu³ haak³ mun⁵ ji³)

[是的,它也会影响我们产品的信誉。我们也希望新包装会使我们的顾客满意。]

A:咁你哋系点发货噶?火车运货定系船运?

(gam² nei⁵ dei⁶ hai⁶ dim² faat³ fo³ gaa¹? fo² ce¹ wan⁶ fo³ ding⁶ hai⁶ syun⁴ wan⁶)

[那你方将怎样发运货物,铁路还是海运?]

B:都可以。不过,我哋建议你拣船运,铁路发货费用太高。

(dou¹ ho² ji⁵。bat¹ gwo³, ngo⁵ dei⁶ gin³ ji⁵ nei⁵ gaan² syun⁴ wan⁶, tit³ lou⁶ faat³ fo³ fai³ jung⁶ taai³ gou¹)

[都可以。但是,我们建议你选择海运,铁路的运费太贵了。]

A:我哋都系咁谂。你哋几时可以交货?我好担心批货会迟到。

(ngo⁵ dei⁶ dou¹ hai⁶ gam² lam²。nei⁵ dei⁶ gei² si⁴ ho² ji⁵ gaau¹ fo³? ngo⁵ hou² daam¹ sam¹ pai¹ fo³ wuici⁴ dou³)

[我们也是这么想的。你们什么时候能交货?我非常担心货物迟交。]

B:我哋最迟系今年12月或者出年初交货。

(ngo⁵ dei⁶ zeoi³ ci⁴ hai⁶ gam¹ nin⁴ sap⁶ ji⁶ jyut⁶ waak⁶ ze² ceot¹ nin⁴ co¹ gaau¹ fo³)

[我们最晚在今年12月或明年初交货。]

A:咁就好。(gam² zau⁶ hou²)。

[那就好。]

第十课 谈天说地

一、粤语词汇

暖（nyun⁵）	暖和
食（sik⁶）	吃
食饭（sik⁶ faan⁶）	吃饭
发毛（faat³ mou⁴）	发霉
好彩（hou² coi²）	幸好
早晨（zou² san⁴）	早上好
近排（gan⁶ paai⁴）	最近
走先（zau² sin¹）	先走
咁啱（gam² ngaan⁵）	这么巧
听讲（teng¹ gong²）	听说
落雨/水（lok⁶ jyu⁵/seoi²）	下雨

二、粤语常用句子

1. 听讲你屋企近排唔系咁顺利喔？
（teng¹ gong² nei⁵ uk¹ kei² gan⁶ paai⁴ m⁴ hai⁶ gam² seon⁶ lei⁶ wo¹）？
[听说你家最近不是很顺利？]

2. 我去探晶晶，咁啱佢系度食紧饭。
（ngo⁵ heoi³ taam³ zing¹ zing¹，gam² ngaan⁵ keoi⁵ hai⁶ dou⁶ sik⁶ gan² faan⁶）。
[我去看望晶晶，碰巧她刚好在吃饭。]

3. 天气唔错，日头几大下。
（tin¹ hei³ m⁴ co³，jat⁶ tau⁴ gei² daai⁶ haa⁵）
[天气不错，太阳挺大的。]

4. 今年冬天比往年既要暖好多。

（gam¹nin⁴dung¹tin¹bei²wong⁵nin⁴gei³jiu³nyun⁵hou²do¹）

[今年的冬天比以前的要暖和很多。]

5. 好彩有你系我隔离。（hou²coi²jau⁵nei⁵hai⁶ngo⁵gaak³lei⁴）

[幸好有你在我身边。]

6. 我唔钟意落雨天,周街湿淋淋。（ngo⁵m⁴zung¹ji³lok⁶jyu⁵tin¹, zau¹gaai¹sap¹lam⁴lam⁴）

[我不喜欢下雨天,哪里都湿湿的。]

7. 食咗未啊?（sik⁶zo²mei⁶aa¹）

[吃了没?]

8. 果个女仔好靓啊!你识唔识佢啊?
（gwo²go³leoi⁶zai²hou²leng³aa¹! nei⁵sik¹m⁴sik¹keoi⁵aa¹）

[那个女孩好漂亮哦!你认识她吗?]

9. 今日佢抓果台车好衬佢比人既 feel。
（gam¹jat⁶keoi⁵zaau²gwo²toi⁴ce¹hou²can³keoi⁵bei²jan⁴gei³FEEL）

[今天他开的车很衬他给人的感觉。]

10. 无憨啦!快滴做完作业啦。（mou⁴ngaam¹laa¹! faai³dik¹zou⁶jyun⁶zok³jip⁶laa¹）

[别傻啦!快点做完作业吧。]

三、生活情景对话

对话一:

A:咁啱既,你又出嚟散步呀?食咗未呀?（gam²ngaan⁵gei³, nei⁵jau⁶ceot¹lai⁴saan³bou⁶aa¹? sik⁶zo²mei⁶aa¹）?

[这么巧,你也出来散步啊?吃了没?]

B:咁食完。难得今日天气咁好,我食完饭咪就出嚟行下,散散步。
（gam²sik⁶jyun⁴。laan⁶dak¹gam¹jat⁶tin¹hei³gam²hou², ngo⁵sik⁶jyun⁴faan⁶mai⁶zau⁶ceot¹lai⁴haang⁴haa⁵, saan³saan³bou⁶）

[刚吃完。难得今天天气这么好,吃完饭我就出来走走,散散步。]

A:系呀。之前果个星期日日都落雨,成个人都就嚟发毛啦。
（hai⁶aa¹。zi¹cin⁴gwo²go³sing¹kei⁴jat⁶jat⁶dou¹lok⁶jyu⁵, seng⁴go³jan⁴ dou¹zau⁶lai⁴faat³mou¹laa¹）

[就是呀。上个星期天天下雨,感觉人都要发霉了。]

B:连滴衫都有阵霉味啦。

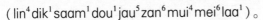

(lin⁴ dik¹ saam¹ dou¹ jau⁵ zan⁶ mui⁴ mei⁶ laa¹)。

[连那些衣服也发出霉味了。]

A:好彩今日出太阳啩。出嚟晒晒,杀下菌。

(hou² coi³ gam¹ jat⁶ ceot¹ taai³ joeng⁴。ceot¹ lai⁴ saai³ saai³,saat³ haa⁵ kwan²)

[幸好今天出太阳了。出来晒一下,杀杀菌。]

对话二:

A:早晨,近排点啊?（ zou² san⁴,gan⁶ paai⁴ dim² aa¹)

[早上好,近况如何啊?]

B:一切正常。多谢关心。你呢?

(jat¹ cai³ zing³ soeng⁴。do¹ ze⁶ gwaan¹ sam¹。nei⁵ le¹)

[正常,谢谢,你呢?]

A:我都几好。天气真系唔错,嗬?

(ngo⁵ dou¹ gei² hou²。tin¹ hei³ zan¹ hai⁶ m⁴ co³,ho⁴)

[很好,谢谢。天气不错,是吧?]

B:我唔觉喔。虽然话系比琴日暖返好多,但系仲落紧雨,好潮湿。系啦,你无听今日既天气预报咩?

(ngo⁵ m⁴ gok³ wo¹。seoi³ jin⁴ waa⁶ hai⁶ bei² kam⁴ jat⁶ nyun⁵ faan¹ hou² do¹,daan⁶ hai⁶ zung⁶ lok⁶ gan² jyu⁵,hou² ciu⁴ sap¹。hai⁶ laa¹,nei⁵ mou⁵ teng¹ gam¹ jat⁶ gei³ tin¹ hei³ jyu⁶ bou³ me¹)

[我不这么认为,虽说比昨天暖和多了,但是下着雨,很潮湿。对了,你没听今天的天气预报吗?]

A:听咗。中午之前会停雨,下昼会回暖并且会出太阳,气温大概系18到20度之间。

(teng¹ zo²。zung¹ ng⁵ zi¹ cin⁴ wui⁵ ting⁴ jyu⁵,haa⁶ zau³ wui⁵ wui⁴ nyun⁵ bing⁶ ce² wui⁵ ceot¹ taai³ joeng⁴,hei³ wan¹ daai⁶ koi³ hai⁶ sap⁶ baat³ dou³ ji⁶ sap⁶ dou⁶ zi¹ gaan¹)

[听了,中午前雨会停,下午会暖和、晴天,气温在18～20 ℃之间。]

B:咁厅日既天气如何啊?（ gam² ting¹ jat⁶ gei³ tin¹ hei³ jyu⁴ ho⁶ aa¹)

[明天的天气会是什么样呢?]

A:听讲,变化唔大。所以我谂,之后应该会有几日好天吧。

(teng¹ gong²,bin³ faa³ m⁴ daai⁶。so² ji⁵ ngo⁵ lam²,zi¹ hau⁶ jing¹ goi¹ wui⁵ jau⁵ gei² jat⁶ hou² tin¹ baa⁶)

〔据说,变化不大,所以我想,会有几个好天。〕

B:太好啦。对于周末嚟讲,好天气太重要啦,你话啱唔啱啊?

(taai³ hou² laa¹。deoi³ jyu¹ zau¹ mut⁶ lai⁴ gong²,hou² tin¹ hei³ taai³ zung⁶ jiu³ laa¹,nei⁵ waa⁶ ngaan⁵ m⁴ ngaan⁵ aa¹)

〔太好了,好天气对周末来说太重要了,对吧?〕

A:无错,的而且确系咁。我仲有事要忙,走先啦。拜拜!

(mou⁴ co³,dik¹ ji⁴ ce² kok³ hai⁶ gam²。ngo⁵ zung⁶ jau⁵ si⁶ jiu³ mong⁴,zau² sin¹ laa¹)

〔是的,的确是这样。我还有事情要忙,先走了。再见!〕

B:拜拜!(baai¹ baai³)

〔再见!〕

附录:粤语语音规律

规律1组:普通话翘舌音 zh/ ch/ sh/r 与粤语平舌音 z/ c /s /j 的对应关系

普通话→粤语

zh→z(c/s)

支(zi¹),址(zi²),指(zi²),止(zi²),志(zi³),至(zi³),致(zi³),置(zi³),争(zaang¹);

拯(cing²),衷(cung¹),种(cung⁴);

篆(syun⁶),兆(siu⁶),肇(siu⁶),召(ziu⁶);

ch→c(z/s)

峙(si⁵),抄(caau¹),巢(caau⁴),春(ceon¹);

嘲(zaau¹),掣(zai³/cit³),辍(zyut⁶);

唇(seon⁴),淳(seon⁴),纯(seon⁴),禅(sim⁴);

sh→s(c)

书(syu¹),蔬(so¹),疏(so¹),曙(syu⁵),署(cyu⁵);

r→j

揉(jau⁴),柔(jau⁴),丘(jau¹),邱(jau¹),休(jau¹),幽(jau¹),优(jau¹),悠(jau⁴),忧(jau¹),尤(jau⁴),由(jau⁴),邮(jau⁴),铀(jau⁴),犹(jau⁴),油(jau⁴),游(jau⁴),有(jau⁵),友(jau⁵),右(jau⁶),佑(jau⁶),釉(jau⁶),诱(jau⁵),又(jau⁶),幼(jau³),饶(jiu⁴),扰(jiu²),绕(jiu⁶),娆(jiu⁴)。

规律2组:普通话某些辅音与粤语某些辅音的对应关系

普通话→粤语

ji→g

继(gai³),计(gai³),稼(gaa³),价(gaa³),假(gaa³),夹(gaap³),界(gaai³),介(gaai³),疥(gaai³),诫(gaai³),届(gaai³),胶(gaau¹),交(gaau¹),绞(gaau²),教(gaau³),酵(haau³),较(gaau³),窖(gaau³),郊(gaau¹),狡(gaau²),觉(gaau³),降(gong³);

q→g/c/k/h/s/j/z

期(kei⁴),其(kei⁴),奇(kei⁴),千/仟(cin¹),迁(cin¹),钱(cin⁴),前(cin⁴),悄(ciu⁵),漆(cat¹),七/柒(cat¹),沏(cai³);

棋(kei⁴),旗(kei⁴),桥(kiu⁴),乔(kiu⁴),侨(kiu⁴);
欺(hei¹),起(hei²),岂(hei²),洽(hap⁶),窃(sit³);
沁(sam³);
丘(jau¹),邱(jau¹),蚯(jau¹);
雀(zoek³);

x→s/h/z/c/j

西(sai¹),细(sai³),洗(sai²),先(sin¹),仙(sin¹),线(sin³),鲜(sin¹),膝(sat¹),需(seoi¹),须(seoi¹);
希(hei¹),喜(hei²),欷(hat⁶),许(heoi²),虚(heoi¹),下(haa⁵或⁶),厦(haa⁶),夏(haa⁶),虾(haa¹);
夕(zik⁶),袭(zaap⁶),习(zaap⁶),席(zik⁶),续(zuk⁶);
畜(cuk¹),蓄(cuk¹),析(sik¹);
休(jau¹);

k→h/f

可(ho²),渴(hot³),克(hak¹),刻(hak¹),客(haak³),揩(haai¹),看(hon¹或³),哭(huk¹),酷(huk⁶);
块(faai³),筷(faai³),棵(fo²),骒(fo³),稞(fo¹),颗(fo²),科(fo¹),课(fo³),壳(hok³),枯(fu¹),苦(fu²),库(fu³),裤(fu³),窟(fat¹);

规律3组:普通话二合元音韵母与粤语韵母的对应关系
普通话→粤语
(1)ai→oi/aai

裁(coi⁴),财(coi⁴),采(coi²),彩(coi²),菜(coi³),材(coi⁴),灾(zoi¹),宰(zoi²),才(coi⁴),睬(coi²),蔡(coi³),赛(coi³),殆(doi⁶),代(doi⁶),袋(doi⁶),待(doi⁶),怠(toi⁵),玳(doi⁶),黛(doi⁶),该(goi¹),改(goi²),概(koi³),钙(koi³),溉(koi³),丐(koi³),孩(hoi⁴),海(hoi²),氦(hoi⁶),亥(hoi⁶),害(hoi⁶),开(hoi¹),凯(ngoi²),慨(koi³),莱(loi⁴),睐(loi⁶),耐(noi⁶),奈(noi⁶),腮(soi¹),鳃(soi¹),胎(toi¹),苔(toi⁴),抬(toi⁴),栽(zoi¹),哉(zoi¹),灾(zoi¹),宰(zoi²),载(zoi³),再(zoi³),在(zoi⁶),崽(zoi²);
埃(aai¹),挨(aai¹),哎(aai¹),唉(aai¹),矮(aai²),隘(aai³),捱(ngaai⁴),艾(ngaai⁶),碍(ngoi⁶),皑(ngoi²),摆(baai²),败(baai⁶),拜(baai³),稗(baai⁶),呗(baai⁶),掰(baai¹),湃(paai³),

猜(caai¹),踩(caai²),柴(caai⁴),豺(caai⁴),钗(caai¹),呆(ngoi⁴),
歹(daai²),傣(taai³),戴(daai³),带(daai³),逮(dai⁶),骸(haai⁴),
骇(hoi⁴),揩(haai¹),赖(laai⁶),癞(laai³),籁(laai⁶),埋(maai⁴),
买(maai⁵),卖(maai⁶),迈(maai⁶),霾(maai⁴),奶(naai⁵),
氖(naai⁵),乃(naai⁵),贷(taai³),来(loi⁴),排(paai⁴),牌(paai⁴),
派(paai³),泰(taai³),太(taai³),态(taai³),汰(taai³)。

例外:
白(baak⁶),柏(baak³),百(baak³),佰(baak³),
麦(mak⁶),脉(mak⁶),
拆(caak³),
拍(paak³),
癌(ngaam⁴),
盖(goi³),
嗨(hei¹)…

(2) ei→ai/ei/eoi/ui
为(wai⁴),委(wai²),伟(wai⁵),维(wai⁴),胃(wai⁶),喂(wai³),
渭(wai⁶),谓(wai⁶),畏(wai³),猥(wui¹),猬(wai⁶),违(wai⁴),
尉(wai³),慰(wai³),卫(wai⁶),位(wai⁶),慰(wai³),威(wai¹),
韦(wai⁵),违(wai⁴),桅(wai⁴),围(wai⁴),唯(wai⁴),惟(wai⁴),
苇(wai⁵),萎(wai²),纬(wai⁵),蔚(wai³),诿(wai²),帏(wai⁴),
帷(wai⁴),娓(mei⁵),玮(wai⁵),肺(fai³),废(fai³),沸(fai³),
吠(fai⁶),费(fai³),痱(fei²),瑰(gwai³),规(kwai¹),鬼(gwai²),
诡(gwai²),巍(ngai⁴),危(ngai⁴),魏(ngai⁶),伪(ngai⁶),峗(ngai⁴),
袂(mai⁶);

菲(fei¹),非(fei¹),啡(fei¹),飞(fei¹),肥(fei⁴),匪(fei²),
诽(fei²),妃(fei¹),绯(fei¹),斐(fei²),扉(fei¹),翡(fei⁶),霏(fei¹),
眉(mei⁴),霉(mui⁶),镁(mei⁵),美(mei⁵),寐(mei⁶),媚(mei⁶),
嵋(mei⁴),湄(mei⁴),楣(mei⁴),魅(mei⁶) 尾(mei⁵),微(mei⁴),
薇(mei⁴),未(mei⁶),味(mei⁶),嘿(hei¹),呸(pei¹);

雷(leoi⁴),镭(leoi⁴),蕾(leoi⁴),磊(leoi⁵),累(leoi⁶),儡(leoi⁵),
垒(leoi⁵),擂(leoi⁴),类(leoi⁶),泪(leoi⁶),羸(leoi⁴),馁(neoi⁵);

玫(mui⁴),枚(mui⁴),每(mui⁵),梅(mui⁴),煤(mui⁴),媒(mui⁴),
昧(mui⁶),妹(mui⁶),没(mut⁶),莓(mui⁴),胚(pui¹),培(pui⁴),

裴(pui⁴),赔(pui⁴),陪(pui⁴),配(pui³),佩(pui³),沛(pui³),偎(wui¹);

例外:
贼(caak⁶),
黑(hak¹),
肋(lak⁶),
狒(fat¹),
给(kap¹),
内(noi⁶);

(3) ao→ou/aau

袄(ou³),媪(ou²),奥(ou³),懊(ou³),澳(ou³),敖(ngou⁶),熬(ngou⁶),翱(ngou⁴),傲(ngou⁶),嗷(ngou⁴),鳌(ngou⁴),遨(ngou⁴),褒(bou¹),保(bou²),堡(bou²),宝(bou²),报(bou³),暴(bou⁶),葆(bou²),煲(bou¹),鸨(bou²),褓(bou²),抱(pou⁵),操(cou¹),糙(cou³),槽(cou⁴),曹(cou⁴),草(cou²),嘈(cou⁴),搔(sou¹),骚(sou¹),扫(sou³),刀(dou¹),捣(dou²),蹈(dou⁶),倒(dou²),岛(dou²),祷(tou²),导(dou⁶),到(dou³),稻(dou⁶),悼(dou⁶),道(dou⁶),盗(dou⁶),叨(dou¹),篙(gou¹),皋(gou¹),高(gou¹),膏(gou¹),羔(gou¹),糕(gou¹),稿(gou²),告(gou³),睾(gou¹),诰(gou³),壕(hou⁴),嚎(hou⁴),豪(hou⁴),毫(hou⁴),好(hou²),耗(hou³),号(hou⁶),浩(hou⁶),蒿(hou¹),薅(hou¹),嗥(hou⁴),嚆(hou¹),濠(hou⁴),灏(hou⁶),昊(hou⁶),捞(lou¹),劳(lou⁴),牢(lou⁴),老(lou⁵),佬(lou²),涝(lou⁶),唠(lou⁴),崂(lou⁴),毛(mou⁴),帽(mou⁶),瑁(mou⁶),耄(mou⁶),旄(mou⁶),脑(nou⁵),恼(nou⁵),瑙(nou⁵),袍(pou⁴);

猫(maau¹),茅(maau⁴),锚(maau⁴),矛(maau⁴),铆(maau⁵),卯(maau⁵),茂(mau⁶),冒(mou⁶),貌(maau⁶),蟊(maau⁴),贸(mau⁶),袤(mau⁶),挠(naau⁵),闹(naau⁶),咆(paau⁴),刨(paau⁴),炮(paau³),跑(paau²),泡(paau¹);

(4) ou→au

欧(au¹),鸥(au¹),殴(au²),呕(au²),钩(ngau¹),勾(ngau¹),抽(cau¹),酬(cau⁴),畴(cau⁴),踌(cau⁴),稠(cau⁴),筹(cau⁴),凑(cau³),仇(sau⁴),绸(cau⁴),瞅(cau²),秋(cau¹),丑(cau²),

臭(cau³),囚(cau⁴),兜(dau¹),抖(dau²),斗(dau³),陡(dau²),豆(dau⁶),逗(dau⁶),痘(dau⁶),沟(kau¹),苟(gau²),狗(gau²),垢(gau³),构(kau³),诟(gau³),购(kau³),够(gau³),球(kau⁴),求(kau⁴),抠(kau¹),扣(kau³),寇(kau³),蔻(kau³),叩(kau³),臼(kau⁵),舅(kau⁵),口(hau²),喉(hau⁴),侯(hau⁴),猴(hau⁴),厚(hau⁵),候(hau⁶),后(hau⁶),溜(lau⁶),榴(lau⁴),硫(lau⁴),馏(lau⁴),留(lau⁴),刘(lau⁴),瘤(lau⁴),流(lau⁴),柳(lau⁵),六(luk⁶),浏(lau⁴),遛(lau⁶),谬(mau⁶),谋(mau⁴),牟(mau⁴),某(mau⁵),茂(mau⁶),扭(nau²),钮(nau²),纽(nau²),剖(pau²),收(sau¹),手(sau²),首(sau²),守(sau²),寿(sau⁶),授(sau⁶),售(sau⁶),受(sau⁶),瘦(sau³),兽(sau³),狩(sau³),修(sau¹),羞(sau¹),锈(sau³),秀(sau³),绣(sau³),愁(sau⁴),偷(tau¹),投(tau⁴),头(tau⁴),透(tau³),就(zau⁶),揪(zau¹),酒(zau²),袖(zau⁶),找(zaau²),舟(zau¹),周(zau¹),州(zau¹),洲(zau¹),诌(zau¹),咒(zau³),皱(zau³),宙(zau⁶),昼(zau³),骤(zau⁶),邹(zau¹),走(zau²),奏(zau³),揍(zau³);

(5)ui→eoi/ai/ui

摧(ceoi¹),崔(ceoi¹),催(ceoi¹),脆(ceoi³),淬(ceoi³),啐(ceoi³),翠(ceoi³),璀(ceoi¹),吹(ceoi¹),炊(ceoi¹),捶(ceoi⁴),锤(ceoi⁴),垂(seoi⁴),槌(ceoi⁴),隋(ceoi⁴),随(ceoi⁴),椎(zeoi¹),堆(deoi¹),兑(deoi³),队(deoi⁶),对(deoi³),蕊(jeoi⁶),锐(jeoi⁶),芮(jeoi⁶),睿(jeoi⁶),瑞(seoi⁶),瘁(seoi⁶),粹(seoi⁶),萃(seoi⁶),悴(seoi⁶),谁(seoi⁴),水(seoi²),睡(seoi⁶),税(seoi³),虽(seoi¹),绥(seoi¹),髓(seoi⁵),碎(seoi³),岁(seoi³),穗(seoi⁶),遂(seoi⁶),隧(seoi⁶),祟(seoi⁶),蜕(teoi³),推(teoi¹),颓(teoi⁴),腿(teoi²),退(teoi³),锥(zeoi¹),追(zeoi¹),赘(zeoi³),坠(zeoi⁶),缀(zyut⁶),惴(zeoi³),骓(zeoi¹),缒(zeoi⁶),嘴(zeoi²),醉(zeoi³),最(zeoi³),罪(zeoi⁶);

瑰(gwai³),圭(gwai¹),硅(gwai¹),归(gwai¹),龟(gwai¹),闺(gwai¹),轨(gwai²),鬼(gwai²),诡(gwai²),癸(gwai³),桂(gwai³),柜(gwai⁶),跪(gwai⁶),贵(gwai³),皈(gwai¹),鲑(gwai¹),馈(gwai⁶),匮(gwai⁶),规(kwai¹),亏(kwai¹),盔(kwai¹),岿(kwai¹),窥(kwai¹),葵(kwai⁴),奎(kwai³),

愧(kwai³),馗(kwai⁴),毁(wai²),慧(wai⁶),卉(wai²),惠(wai⁶),秽(wai³),汇(wui⁶),讳(wai⁵),荟(wui⁶),蕙(wai⁶),挥(fai¹),辉(fai¹/wai¹),徽(fai¹);

刽(kui²),桧(kui²),会(hui²),绘(hui²),溃(kui²),灰(fui¹),悔(fui³),恢(fui¹),晦(fui³),贿(fui²),海(fui³),诙(fui¹),魁(fui¹),蛔(wui⁴),回(wui⁴),烩(wui⁶),茴(wui⁴);

(6) uo→o

搓(co¹),挫(co³),错(co³),蹉(co¹),坐(co⁵),多(do¹),垛(do²),躲(do²),朵(doe²),跺(do²),惰(do⁶),踱(dok⁶),伙(fo²),火(fo²),霍(fok³),货(fo³),果(gwo²),裹(gwo²),过(gwo³),郭(gwok³),国(gwok³),聒(kut³),蝈(gwok³),扩(kwang³),廓(kwok³),萝(lo⁴),罗(lo⁴),逻(lo⁴),锣(lo⁴),箩(lo⁴),螺(lo⁴),骡(lo⁴),裸(lo²),洛(lok⁶),骆(lok⁶),络(lok³),珞(lok³),诺(nok⁶),挪(no⁴),懦(no⁶),糯(no⁶),傩(no⁴),朔(sok³),蒴(sok³),搠(sok³),蓑(so¹),梭(so¹),唆(so¹),锁(so²),所(so²),嗦(so²),娑(so¹),琐(so²),拖(to¹),鸵(to⁴),陀(to⁴),驮(to⁴),驼(to⁴),椭(to²),妥(to²),托(tok³),舵(to⁵),锅(wo¹),祸(wo⁵/wo⁶),左(zo²),佐(zo³),座(zo⁶),昨(zok⁶),作(zok³);

例外:

扩(kwang³),措(cou³),做(zou⁶),龊(cuk¹),豁(kut³),括(kut³),阔(fut³),缩(suk¹),捉(zuk¹),浊(zuk⁶),卓(coek³),桌(coek³),灼(coek³),戳(coek³),绰(coek³),琢(doek³),啄(doek³),弱(joek⁶),酌(zoek³),着(zoek³),撮(cyut³),夺(dyut⁶),脱(tyut³),茁(zyut³),拙(zyut³),掇(zyut³),辍(cyut³),堕(do⁶),落(lok⁶),获(wok⁶),或(waak⁶),惑(waak⁶),索(sok³),拓(tok³),柞(zok⁶),活(wut⁶),说(syut³),咄(deot¹),硕(sek⁶),喏(je⁵),偌(je⁶),若(joek⁶),烁(soek³);

(7) ua → aa

刷(caat³),唰(caat³),刮(gwaat³),瓜(gwaa¹),寡(gwaa²),挂(gwaa³),褂(gwaa³),卦(gwaa³),夸(kwaa¹),垮(kwaa¹),挎(kwaa³),跨(kwaa¹),胯(kwaa³),侉(kwaa²),花(faa¹),化(faa³),华(waa⁴),剐(waa²),哗(waa¹),猾(waat⁶),滑(waat⁶),画(waa²),划(waak⁶),话(waa⁶),骅(waa⁴),桦(waa⁴),耍(saa²);

例外：

鹄(kut³)，抓(zaau²)，爪(zaau²)。

(8) ie → it/ip/e/aai

鳖(bit³)，憋(bit³)，别(bit⁶)，瘪(bit⁶)，蹩(bit⁶)，跌(dit³)，迭(dit⁶)，杰(git⁶)，洁(git³)，结(git³)，拮(git³)，揭(kit³)，竭(kit³)，孑(kit³)，碣(kit³)，羯(kit³)，挈(kit³)，窃(sit³)，屑(sit³)，楔(sit³)，亵(sit³)，歇(hit³)，蝎(kit³)，撷(kit³)，裂(lit⁶)，烈(lit⁶)，冽(lit⁶)，蔑(mit⁶)，灭(mit⁶)，撇(pit³)，瞥(pit³)，屑(sit³)，楔(sit³)，亵(sit³)，铁(tit³)，截(zit⁶)，节(zit³)，捷(zit³)，睫(zit³)，婕(zit³)，疖(zit³)；

妾(cip³)，怯(hip³)，惬(hip⁶)，协(hip⁶)，胁(hip³)，蝶(dip⁶)，谍(dip⁶)，牒(dip⁶)，胁(hip³)，劫(gip³)，猎(lip⁶)，捏(nip⁶)，聂(nip⁶)，镊(nip⁶)，镍(nip⁶)，涅(nip⁶)，蹑(nip⁶)，贴(tip³)，帖(tip³)，辄(jip⁶)，接(zip³)；

邪(ce⁴)，斜(ce⁴)，且(ce²)，爹(de¹)，茄(ke⁴)，咧(le⁴)，写(se²)，卸(se³)，泻(se³)，些(se¹)，姐(ze²)，藉(zik⁶)，借(ze³)，嗟(ze¹)，谢(ze⁶)；

鞋(haai⁴)，谐(haai⁴)，械(haai⁶)，蟹(haai⁵)，邂(haai⁵)，懈(haai⁶)，偕(gaai¹)，皆(gaai¹)，秸(gaai¹)，街(gaai¹)，阶(gaai¹)，戒(gaai³)，界(gaai³)，解(haai⁶)，芥(gaai³)，介(gaai³)，疥(gaai³)，诫(gaai³)，届(gaai³)，携(kwai⁴)；

例外：切(cit³)，列(lit⁶)，泄(sit³)，叠(dip⁶)，挟(haap⁶)，橘(gat¹)，劣(lyut³)，啮(ngit⁶)；

规律4组：普通话三合元音韵母与粤语韵母的对应关系

普通话→粤语

(1) iao → iu

标(biu¹)，彪(biu¹)，膘(biu¹)，表(biu²)，婊(biu²)，骠(piu³)，飙(biu¹)，飚(biu¹)，裱(biu²)，悄(ciu⁵)，憔(ciu⁴)，樵(ciu⁴)，锹(ciu¹)，瞧(ciu⁴)，碉(diu¹)，叼(diu¹)，雕(diu¹)，凋(diu¹)，刁(diu¹)，吊(diu³)，钓(diu³)，貂(diu¹)，调(diu⁶)，浇(ziu¹)，骄(giu¹)，娇(giu¹)，矫(kiu²)，侥(hiu¹)，徼(giu²)，缴(giu²)，轿(giu⁶)，叫(giu³)，窍(kiu³)，跷(hiu¹)，桥(kiu⁴)，乔(kiu⁴)，侨(kiu⁴)，荞(kiu⁴)，撬(hiu³)，翘(kiu⁴)，峭(ciu³)，俏(ciu³)，撩(liu⁴)，

聊(liu⁴),僚(liu⁴),疗(liu⁴),燎(liu⁴),寥(liu⁴),辽(liu⁴),潦(liu⁴),了(liu⁵),撂(liu¹),镣(liu⁴),廖(liu⁶),料(liu⁶),嘹(liu⁴),寮(liu⁴),苗(miu⁴),描(miu⁴),瞄(miu⁴),藐(miu⁵),秒(miu⁵),渺(miu⁵),庙(miu⁶),妙(miu⁶),喵(miu¹),邈(miu⁵),缈(miu⁵),缪(miu⁶),淼(miu⁵),鸟(niu⁵),袅(niu⁵),飘(piu¹),漂(piu¹),瓢(piu⁴),票(piu³),剽(piu⁵),嫖(piu⁴),瞟(piu⁵),挑(tiu¹),条(tiu⁴),眺(tiu³),跳(tiu³),窕(tiu³),迢(tiu⁴),小(siu²),笑(siu³),箫(siu¹),啸(siu³),潇(siu¹),逍(siu¹),硝(siu¹),宵(siu¹),霄(siu¹),销(siu¹),消(siu¹),筱(siu²),蕉(ziu¹),椒(ziu¹),礁(ziu¹),焦(ziu¹),嚼(zoek³);

(2)iu[iou]→ au

秋(cau¹),囚(cau⁴),酋(kau⁴),泅(cau⁴),遒(cau⁴),楸(cau¹),糗(cau³),鳅(cau¹),究(gau³),九(玖)(gau²),韭(gau²),久(gau²),灸(gau³),疚(gau³),厩(gau³),救(gau³),旧(gau⁶),究(gau³),鸠(gau¹),阄(gau¹),柩(gau⁶),纠(dau²);

[ji→g + iu→au]

牛(ngau⁴),藕(ngau⁵),偶(ngau⁵),溜(lau⁴),琉(lau⁴),榴(lau⁴),硫(lau⁴),馏(lau⁴),留(lau⁴),刘(lau⁴),瘤(lau⁴),流(lau⁴),柳(lau⁵),浏(lau⁴),遛(lau⁴),绺(lau⁵),球(kau⁴),求(kau⁴),裘(kau⁴),臼(kau⁵),舅(kau⁵),休(jau¹),朽(jau²),庥(jau¹),丘(jau¹),邱(jau¹),蚯(jau¹),修(sau¹),羞(sau¹),秀(sau³),锈(sau³),绣(sau³),袖(zau⁶),岫(zau⁶),揪(zau¹),酒(zau²),就(zau⁶),鹫(zau⁶);

例外:

六(luk⁶),嗅(cau³),咎(gau³);

(3)uai → aai

乖(gwaai¹),拐(gwaai²),怪(gwaai³),块(faai³),筷(faai³),快(faai³),怀(waai⁴),坏(waai⁶);

规律5组:普通话鼻韵母与粤语韵母的对应关系

普通话→粤语

(1)ian→in/im/aan/aam

边(bin¹),编(pin¹),贬(bin²),变(bin³),点(dim²),歼(cim¹),捡(gim²),间(gaan¹),艰(gaan¹),简(gaan²),监(gaam¹),

减($gaam^2$),鉴($gaam^3$);

（2）uan/yuan → wun/jyun/aan 碗(wun^2),惋(wun^2),援(wun^4),宛($jyun^2$),婉($jyun^2$),完($jyun^4$),员($jyun^4$),弯($waan^1$),湾($waan^1$),玩($waan^4$);

(3) un→eon/an/yun

春($ceon^1$),蠢($ceon^2$),驯($ceon^4$),顿($deon^6$),吨($deon^1$),墩($deon^1$),滚($gwan^2$),菌($kwan^2$),困($kwan^3$),村($cyun^1$),存($cyun^4$),孙($syun^1$),损($syun^2$);

(4) an→on/am/aam/aan/un

安(on^1),按(on^3),暗(am^3),黯(am^2),参($caam^1$),惨($caam^2$),丹($daan^1$),单($daan^1$),半(bun^3),拌(bun^6),伴(bun^6),搬(bun^1);

(5) ang→ong/oeng

盎(ong^3),帮($bong^1$),床($cong^4$),闯($cong^2$),创($cong^3$),当($dong^1$),敞($cong^2$),昶($cong^2$),疮($cong^1$),幢($dong^4$),怆($cong^3$),挡($dong^2$),党($dong^2$),荡($dong^6$),档($dong^2$),裆($dong^1$),坊($fong^2$),芳($fong^1$),方($fong^1$),肪($fong^1$),房($fong^4$),防($fong^4$),妨($fong^4$),仿($fong^2$),访($fong^2$),纺($fong^2$),放($fong^3$),谎($fong^1$),荒($fong^1$),慌($fong^1$),晃($fong^2$),幌($fong^2$),恍($fong^2$),冈($gong^1$),刚($gong^1$),钢($gong^1$),缸($gong^1$),肛($gong^1$),纲($gong^1$),岗($gong^1$),港($gong^2$),杠($gong^3$),矿($kwong^3$),逛($gwong^2$),光($gwong^1$),广($gwong^2$),胱($gwong^1$),旷($kwong^3$),邝($kwong^3$),杭($hong^4$),航($hong^4$),绗($hong^4$),匡($hong^1$),诓($hong^1$),况($fong^3$),肮($hong^4$),昂($ngong^5$),狂($kwong^4$),狼($long^4$),廊($long^4$),郎($long^4$),朗($long^5$),浪($long^4$),琅($long^4$),榔($long^4$),螂($long^4$),芒($mong^4$),茫($mong^4$),忙($mong^4$),莽($mong^5$),蟒($mong^5$),亡($mong^4$),望($mong^6$),忘($mong^4$),妄($mong^5$),网($mong^5$),囊($nong^4$),囔($nong^4$),瓤($nong^4$),蚌($pong^5$),谤($pong^3$),螃($pong^4$),庞($pong^4$),旁($pong^4$),丧($song^3$),桑($song^1$),嗓($song^1$),丧($song^3$),搡($song^2$),塘($tong^4$),搪($tong^4$),堂($tong^4$),棠($tong^4$),膛($tong^4$),唐($tong^4$),糖($tong^4$),倘($tong^2$),躺($tong^2$),淌($tong^2$),趟($tong^3$),烫($tong^3$),螳($tong^4$),黄($wong^4$),

磺(wong⁴),蝗(wong⁴),簧(wong⁴),皇(wong⁴),凰(wong⁴),煌(wong⁴),璜(wong⁴),鳇(wong⁴),汪(wong¹),王(wong⁴),枉(wong²),往(wong⁵),旺(wong⁶),赃(zong¹),脏(zong¹),葬(zong³),奘(zong⁶),臧(zong¹),桩(zong¹),庄(zong¹),装(zong¹),妆(zong¹),撞(zong⁶),壮(zong³),状(zong⁶);

窗(coeng¹),昌(coeng¹),猖(coeng¹),场(coeng⁴),长(coeng⁴),肠(coeng⁴),畅(coeng³),唱(coeng³),倡(coeng¹),娼(coeng¹),鲳(coeng¹),壤(joeng⁵),攘(joeng⁵),嚷(joeng⁵),让(joeng⁶),尝(soeng⁴),常(soeng⁴),偿(soeng⁴),徜(soeng⁴),嫦(soeng⁴),伤(soeng¹),商(soeng¹),赏(soeng²),响(hoeng²),上(soeng⁶),尚(soeng⁶),裳(soeng⁴),殇(soeng¹),霜(soeng¹),双(soeng¹),爽(song²),孀(soeng¹),汤(tong¹),张(zoeng¹),樟(zoeng¹),章(zoeng¹),彰(zoeng¹),漳(zoeng¹),掌(zoeng²),涨(zoeng³),杖(zoeng⁶),丈(zoeng⁶),帐(zoeng³),账(zoeng³),仗(zoeng³/zoeng⁶),胀(zoeng³),瘴(zoeng³),障(zoeng³),仉(zoeng²),鄣(zoeng¹),幛(zoeng³),嶂(zoeng³),獐(zoeng¹),嫜(zoeng¹),璋(zoeng¹),蟑(zoeng¹);

例外:

逛(gwaang⁶),筐(kwaang¹),框(kwaang¹),眶(kwaang¹),夯(haang¹),盲(maang⁴),氓(mong⁴),埆(gwing¹),岸(ngon⁶),厂(cong²),乒(bam¹);

(6) iang→oeng

枪(coeng¹),呛(coeng³),墙(coeng⁴),蔷(coeng⁴),抢(coeng²),戕(coeng⁴),锵(coeng¹),跄(coeng¹),翔(coeng⁴),祥(coeng⁴),详(coeng⁴),庠(coeng⁴),强(koeng⁴),僵(goeng¹),姜(goeng¹),讲(gong²),降(gong³),江(gong¹),疆(goeng¹),羌(goeng¹),向(hoeng³),香(hoeng¹),乡(hoeng¹),响(hoeng²),享(hoeng²),饷(hoeng²),粮(loeng⁴),凉(loeng⁴),梁(loeng⁴),粱(loeng⁴),良(loeng⁴),两(loeng⁵),辆(loeng²),量(loeng⁴),晾(long⁶),亮(loeng⁶),谅(loeng⁶),椋(loeng⁴),娘(noeng⁴),酿(joeng⁶),相(soeng³),想(soeng²),厢(soeng¹),镶(soeng¹),箱(soeng¹),襄(soeng¹),湘(soeng¹),殃(joeng¹),央(joeng¹),鸯(joeng¹),秧(joeng¹),杨(joeng⁴),扬(joeng⁴),佯(joeng⁴),疡(joeng⁴),

羊(joeng⁴),洋(joeng⁴),阳(joeng⁴),氧(joeng⁵),仰(joeng⁵),
痒(joeng⁵),养(joeng⁵),样(joeng⁶),漾(joeng⁶),徉(joeng⁴),
怏(joeng³),泱(joeng¹),恙(joeng⁶),鞅(joeng¹),橡(zoeng⁶),
像(zoeng⁶),象(zoeng⁶),将(zoeng¹),浆(zoeng¹),匠(zoeng⁶),
酱(zoeng³),蒋(zoeng²),桨(zoeng²),奖(zoeng²),酿(joeng⁶);

例外:
腔(hong¹),项(hong⁶),巷(hong⁶),谅(long⁶);

(7) en→an/am/un

恩(jan¹),奔(ban¹),陈(can⁴),尘(can⁴),趁(can³),衬(can³),
伧(cong¹),抻(can²),嗔(can¹),诊(can²),疹(can²),芬(fan¹),
吩(fan¹),氛(fan¹),分(fan¹),纷(fan¹),坟(fan⁴),焚(fan⁴),
粉(fan²),奋(fan⁵),份(fan⁶),忿(fan⁶),愤(fan⁵),粪(fan³),
汾(fan⁴),酚(fan¹),喷(pan³),根(gan¹),跟(gan¹),哏(gan¹),
艮(gan³),很(han²),狠(han²),恨(han⁶),痕(han⁴),垦(han²),
恳(han²),仁(jan⁴),人(jan⁴),忍(jan⁵),韧(jan⁶),刃(jan⁶),
纫(jan⁶),仞(jan⁶),甄(jan¹),臣(san⁴),辰(san⁴),晨(san⁴),
砷(san¹),申(san¹),呻(san¹),伸(san¹),身(san¹),娠(san¹),
绅(san¹),神(san⁶),肾(san⁶),慎(san⁶),莘(san¹),瘟(wan¹),
温(wan¹),稳(wan²),珍(zan¹),真(zan¹),震(zan³),振(zan³),
镇(zan³),阵(zan⁶),圳(zan³),榛(zeon¹),赈(zan³),蚊(man¹),
文(man⁴),闻(man⁴),纹(man⁴),吻(man⁵),紊(man⁵),问(man⁶),
刎(man⁵),雯(man⁴);

壬(jam⁴),任(jam⁴),妊(jam⁴),荏(jam⁵),饪(jam⁴),忱(sam⁴),
谌(sam⁴),琛(sam¹),谶(caam³),沉(cam⁴),岑(sam⁴),
郴(sam¹),森(sam¹),深(sam¹),审(sam²),婶(sam²),甚(sam⁶),
渗(sam³),斟(zam¹),砧(zam¹),针(zam¹),枕(zam²),朕(zam⁶),
鸩(zam⁶),箴(zam¹),怎(zam²);

苯(bun²),本(bun²),笨(ban⁶),门(mun⁴),闷(mun⁶),
们(mun⁴),扪(mun⁴),焖(mun⁶),懑(mun⁶),盆(pun⁴);

例外:
摁(gan⁶),肯(hang²),啃(hang²),亘(gang²),嫩(nyun⁶),
臻(zeon¹),贞(zing¹),侦(zing¹),认(jing⁶);

(8) eng→ang/aang/ung/ing

曾（cang⁴），哽（gang²），崩（bang¹），蹦（bang¹），绷（bang¹），层（cang⁴），噌（cang¹），争（zaang¹），蹬（dang¹），灯（dang¹），登（dang¹），等（dang²），瞪（dang¹），凳（dang³），邓（dang⁶），更（gang¹），庚（gang¹），羹（gang¹），埂（gang²），耿（gang²），亨（hang¹），恒（hang⁴），衡（hang⁴），珩（hang⁴），桁（hang⁴），铿（hang¹），能（nang⁴），朋（pang⁴），硼（pang⁴），牲（sang¹），笙（sang¹），誊（tang⁴），藤（tang⁴），腾（tang⁴），滕（tang⁴），增（zang¹），憎（zang¹），赠（zang⁶），蹭（sang³），僧（zang¹），狰（zang¹）；

撑（caang³），橙（caang⁴），澄（caang⁴），耕（gaang¹），梗（gwaang²），坑（haang¹），冷（laang⁵），萌（mang⁴），盟（mang⁴），锰（maang⁵），猛（maang⁵），孟（maang⁶），蜢（maang⁵），抨（paang¹），烹（paang¹），澎（paang⁴），彭（paang⁴），棚（paang⁴），膨（paang⁴），鹏（paang⁴），横（waang⁴），生（saang¹），甥（saang¹），省（saang²），疼（tung³），挣（zaang⁶），睁（caang¹），净（zaang³），铮（zaang¹），筝（zaang¹）；

瓮（wung³），蓬（pung⁴），丰（fung¹），冯（fung⁴），封（fung¹），枫（fung¹），蜂（fung¹），峰（fung¹），锋（fung¹），风（fung¹），疯（fung¹），烽（fung¹），逢（fung⁴），缝（fung⁶），讽（fung³），奉（fung⁶），凤（fung⁶），俸（fung²），梦（mung⁶），懵（mung⁵），朦（mung⁴），蒙（mung⁴），檬（mung¹），碰（pung³），篷（pung⁴），捧（bung²），嗡（jung¹），翁（jung¹），综（zung³），

迸（bing³），呈（cing⁴），程（cing⁴），惩（cing⁴），逞（cing²），骋（cing²），秤（cing³），拯（cing²），棱（ling⁴），楞（ling⁴），愣（ling⁶），仍（jing⁴），乘（sing⁴），诚（sing⁴），承（sing⁴），丞（sing⁴），升（sing¹），绳（sing²），盛（sing⁴），剩（zing⁶），圣（sing³），蒸（zing¹），政（zing³），帧（zing³），症（zing³），证（zing³），怔（zing¹），整（zing²）；

例外：

哼（hng¹），城（sing⁴），称（cing¹），胜（sing³），吭（hong⁴），虻（mong⁴），成（seng⁴），声（seng¹），正（zeng³），郑（zeng⁶），甭（bat¹），泵（bom¹），征（zing¹）；

(9) ong→ung

充（cung¹），冲（cung¹），囱（cung¹），崇（sung⁴），宠（cung²），

虫(cung⁴)，忡(cung¹)，憧(cung¹)，铳(cung³)，聪(cung¹)，
葱(cung¹)，匆(cung¹)，从(cung⁴)，丛(cung⁴)，枞(cung¹)，
东(dung¹)，冬(dung¹)，董(dung²)，懂(dung²)，动(dung⁶)，
栋(dung⁶)，侗(tung⁴)，恫(dung⁶)，冻(dung³)，洞(dung⁶)，
咚(dung¹)，氡(dung¹)，工(gung¹)，攻(gung¹)，功(gung¹)，
恭(gung¹)，龚(gung¹)，供(gung¹)，躬(gung¹)，公(gung¹)，
宫(gung¹)，弓(gung¹)，巩(gung²)，拱(gung²)，贡(gung³)，
共(gung⁶)，蚣(gung¹)，红(hung⁴)，汞(hung⁶)，哄(hung³)，
虹(hung⁴)，鸿(hung⁴)，洪(hung⁴)，空(hung¹)，恐(hung²)，
孔(hung²)，控(hung³)，龙(lung⁴)，聋(lung⁴)，咙(lung⁴)，笼(lung⁴)，
窿(lung¹)，隆(lung⁴)，垄(lung⁵)，拢(lung⁵)，弄(lung⁶)，农(nung⁴)，
脓(nung⁴)，侬(nung⁴)，哝(nung⁴)，浓(nung⁴)，戎(jung⁴)，
茸(jung⁴)，蓉(jung⁴)，融(jung⁴)，熔(jung⁴)，溶(jung⁴)，容(jung⁴)，
绒(jung⁴)，冗(jung²)，榕(jung⁴)，拥(jung²)，佣(jung¹)，臃(jung¹)，
痈(jung¹)，庸(jung⁴)，雍(jung¹)，踊(jung²)，蛹(jung²)，咏(wing⁶)，
泳(wing⁶)，涌(jung²)，永(wing⁵)，恿(jung²)，勇(jung⁵)，用(jung⁶)，
俑(jung²)，壅(jung¹)，墉(jung⁴)，松(cung⁴)，耸(sung²)，
悚(sung²)，送(sung³)，宋(sung³)，竦(sung²)，衷(cung¹)，
种(zung³)，重(zung⁶)，冢(cung²)，通(tung¹)，桐(tung⁴)，
同(tung⁴)，铜(tung⁴)，彤(tung⁴)，童(tung⁴)，桶(tung²)，捅(tung²)，
筒(tung⁴)，统(tung²)，痛(tung³)，佟(tung⁴)，潼(tung⁴)，酮(tung⁴)，
瞳(tung⁴)，恸(dung⁶)，颂(zung⁶)，讼(zung⁶)，诵(zung⁶)，
舂(zung¹)，中(zung¹)，盅(zung¹)，忠(zung¹)，钟(zung¹)，
终(zung¹)，肿(zung²)，仲(zung⁶)，众(zung³)，鬃(zung¹)，
棕(zung¹)，踪(zung¹)，宗(zung¹)，综(zung¹)，总(zung²)，
纵(zung³)，粽(zung³)；

例外：
烘(hong³)，轰(gwang¹)，宏(wang⁴)，弘(wang⁴)，荣(wing⁴)；
(10) ing→eng/ing

饼(beng²)，病(beng⁶)，钉(deng¹)，顶(deng²)，定(deng⁶)，
精(zing¹)，井(zeng²)，靖(zing⁶)，净(zeng⁶)，惊(geng¹)，灵(ling⁴)，
岭(ling⁴)，领(leng⁵)，名(meng²)，命(meng⁶)，柄(beng³)，
兵(bing¹)，冰(bing¹)，丙(bing²)，秉(bing²)，炳(bing²)，并(bing³)，

邴(bing²),青(ceng¹),清(cing¹),请(ceng²),晴(cing⁴),情(cing⁴),蜻(cing¹),睛(zing¹),盯(ding¹),叮(ding¹),鼎(ding²),锭(ding³),酊(ding²),订(deng⁶),颈(geng²),镜(geng³);

荆(ging¹),兢(ging¹),京(ging¹),经(ging¹),警(ging²),景(ging²),境(ging²),敬(ging³),竟(ging²),竞(ging⁶),痉(ging⁶),轻(heng¹),氢(hing¹),卿(hing¹),庆(hing³),馨(hing³),兴(hing¹),倾(king¹),擎(king⁴),顷(king²),鲸(ging¹),拎(ling¹),玲(ling⁴),菱(ling⁴),零(ling⁴),龄(ling⁴),铃(ling⁴),伶(ling⁴),羚(ling⁴),凌(ling⁴),陵(ling⁴),另(ling⁶),令(ling⁶),苓(ling⁴),吟(ling⁴),囹(ling⁴),绫(ling⁴),聆(ling⁴),翎(ling⁴),明(ming⁴),螟(ming⁴),鸣(ming⁴),铭(ming⁵),冥(ming⁵),茗(ming⁵),瞑(ming⁴),酪(ming⁴),柠(ning⁴),拧(ling²),凝(jing⁴),宁(ling⁴),泞(ning⁶),狞(ning⁴),佞(ning⁶),咛(ning⁴),乒(bing¹),屏(ping⁴),坪(ping⁴),萍(ping⁴),评(ping⁴),苹(ping⁴),平(ping⁴),瓶(ping⁴),星(sing¹),腥(seng¹),醒(seng²),姓(sing³),性(sing³),猩(sing¹),惺(sing¹),厅(teng¹),艇(teng²),廷(ting⁴),停(ting⁴),亭(ting⁴),庭(ting⁴),挺(ting²),婷(ting⁴),蜓(ting⁴),霆(ting⁴),刑(jing⁴),型(jing⁴),形(jing⁴),邢(jing⁴),英(jing¹),樱(jing¹),婴(jing¹),鹰(jing¹),应(jing¹),缨(jing¹),莹(jing⁴),萤(jing⁴),营(jing⁴),荧(jing⁴),蝇(jing⁴),迎(jing⁴),映(jing²),盈(jing⁴),萦(jing⁴),膺(jing¹),鹦(jing¹),影(jing²),赢(jeng⁴),晶(zing¹),静(zing⁶);

例外：

禀(ban²),莺(ang¹),粳(gang¹),杏(hang⁶),幸(hang⁶),凭(pang⁴),罂(aang¹),硬(ngaang⁶),行(haang⁴),听(teng¹),茎(ging³),径(ging³),丁(ding¹),颖(wing⁶)。